상업용 부동산 자산관리의 모든 것

상업용 부동산
자산관리의 모든 것

민 성 식 지음

법률출판사

|머리말|

상업용 부동산은 그 규모가 크고 이를 소유하고 운영하는 주체들은 보통 투자를 목적으로 자산을 보유한다. 서울의 주요 업무 권역이라고 할 수 있는 도심 권역, 여의도 권역, 강남 권역 등에 있는 대형 빌딩들을 살펴보면 일반 법인들이 보유하고 있는 것들도 있지만, 투자 상품의 목적으로 부동산 펀드나 리츠 형태로 소유하고 있는 자산들도 상당수가 있다.

이처럼 많은 업무용 빌딩들이 자산 시장에서 반복적으로 거래가 되고 있는데, 이런 자산을 투자 및 운영 관리하는 주체들은 부동산 전문가들이 있는 부동산 자산운용사, 부동산 투자회사, 부동산 자산관리회사 등이다.

이렇게 전문투자자들이 시장에서 활동하면서 우리나라 상업용 부동산의 거래가 활발해지고 자산의 투자 규모도 급격하게 성장했다. 그러면서 직업의 한 분야로 상업용 부동산 업계에 대한 관심도 나날이 커져 가고 있다. 반면에 짧은 기간 동안 급격하게 성장한 분야이다 보니, 직무에 대한 체계적인 교육이나 업무에 대한 매뉴얼 등이 아직은 부족한 상황이다. 또한, 전문성을 요하는 직무이다 보니 현업에 있는 사람들도 계속해서 자기 계발이나 학습을 해야 할 것들이 많은 편이다.

게다가 상업용 부동산 업계로 진입을 하려는 초심자들은 어떤 것부터 학습하고 배워나가야 할지 알기가 어렵다. 그나마 부동산 관련 전공자들은 학교에서 기본적인 지식이라도 배우지만, 그마저도 현업에서 필요한 실무적인 스킬에 대해서는 충분한 학습을 하지 못하고 취업을 하는 일도 많다. 그러다 보니 어떤 회사에 들어가느냐에 따라 또는 어떤 팀에서 일을 하느냐에 따라 실무 지식을 익히는 수준의 차이가 날 수밖에 없다.

이처럼 지식의 습득이나 직무에 대한 이해가 쉽지 않은 것은, 아무래도 부동산의 특성상 사회의 다양한 분야와 연결되어 있다 보니 종합적인 지식을 요구하는 것도 한몫을 한다. 다양한 지식을 한꺼번에 고루 잘 알아야 한다는 것은 부동산업계의 입문자들이 겪어야 하는 필연적인 어려움 중의 하나이다. 뿐만 아니라 상업용 부동산은 경제 상황이나 관련 법규 등에 큰 영향을 받기 때문에, 현업에 있지 않으면 시장의 흐름을 파악하기가 쉽지 않다. 상업용 부동산 업계에 취업을 준비하는 많은 분들이나 다른 분야에서 전직을 하려는 사람들이 장벽으로 느끼는 부분이 이 지점이다.

이런 어려움들을 조금이나마 해소해 보고자 그동안 현업에서 일을 하면서 후배들에게 알려줬으면 하는 지식과 정보들을 정리하여 책으로 출간하게 되었다. 강의 활동이나 온라인 콘텐츠를 통해 전달했던 노하우나 현업의 업무 지식을 정리하여 상업용 부동산 업계에 들어올 준비를 하는 초심자나 입문자를 위한 교과서가 되기를 바라면서 집필을 했다.

이 책에서는 상업용 부동산 자산의 대표적인 부동산인 오피스 빌딩의 운영과 관리를 위해 알아야 하는 실무 지식들을 담았다. 상업용 부동산의 주요 투자 자산인 오피스 빌딩을 중심으로 살펴보면서 상업용 부동산 업계에서 일을 하면서 알아야 하는 것들을 체계적으로 정리하였다. 오피스 빌딩을 선택하여 책을 정리한 것은 상업용 부동산 투자나 운영 관리를 이해하기에 최적화된 자산이기 때문이다. 오피스 빌딩에 대한 이해를 바탕으로 기본 지식을 갖추고 있으면 다른 유형의 상업용 부동산 자산들에 대한 이해도 쉽게 할 수 있다.

상업용 부동산 업계는 앞으로도 계속 성장하고 발전하면서 변화할 것이고, 이에 맞춰 지속적으로 내용을 보강하면서 실무자들에게 도움이 될 수 있는 책이 될 수 있게 꾸준하게 개정을 하는 노력도 할 것이다. 저자로서의 바람은 이 책이 상업용 부동산 업계에 입문하려는 취업 준비생들이나 업계의 주니어들이 업무를 하기 위해 참고할 수 있는 교과서가 되는 것이다. 그래서 오랫동안 독자들이 꾸준하게 찾아주는 책이 되었으면 좋겠다.

2023년 11월

민성식

|차 례|

PART 01 상업용 부동산 시장과 자산관리자 _ 023

01 자산관리의 목적과 자산관리자의 정의 _ 023

부동산 자산관리의 목적 _ 023

부동산 자산관리의 도입배경 _ 025

부동산 자산관리자란? _ 027

자산관리자의 정의 _ 029

부동산 자산의 경영자 _ 030

02 상업용 부동산 시장 구성과 자산의 특징 _ 031

상업용 부동산 시장 참여자 _ 031

상업용 부동산의 종류와 특징 _ 033

부동산의 생애 주기와 주요 업무 _ 034

03 자산관리를 위한 구성 요소 _ 037

자산 운영과 각 분야의 역할 _ 037

PM 팀의 구성 인력과 자산관리 수수료 _ 038

PART 02 자산관리 업무를 위한 기본 지식 _ 043

01 자산관리자의 역량과 배경지식 _ 043

부동산 자산관리자의 역량 _ 043

자산관리업무를 위한 배경지식 _ 046

02 자산관리를 위한 재무제표의 이해 _ 049

재무제표의 구성 요소 _ 049

재무제표의 활용과 이해 _ 052

03 부동산 공적 장부의 이해 _ 055

부동산 공적 장부의 관리 _ 055

건축물대장의 이해 _ 056

등기부등본의 이해 _ 057

04 시설관리 인력과 건축 설비 _ 059

시설 운영팀의 구성과 역할 _ 059

법적 필수 인력의 선임 _ 061

건축 설비의 이해 _ 062

PART 03 자산의 운영 준비와 리스크 관리 _ 069

01 임차인 입주와 운영 준비 _ 069

임차인 입주 절차 _ 069

임차인 입주 전 준비 업무 _ 070

임차인 입주 시 필요정보 _ 073

02 임차인 입주 공사 준비와 관리 _ 076

임차인 인테리어 공사의 준비 _ 076

인테리어 공사 가이드라인의 주요 내용 _ 078

인테리어 도면 검토의 필요성 _ 078

인테리어 공정별 주요 검토 사항 _ 079

인테리어 공사 일정 및 공정 관리 _ 082

준공 검사와 하자처리 _ 084

인테리어 공사 관련 민원 및 주의 사항 _ 085

인테리어 공사 시 주의해야 할 임차인 _ 090

03 자산관리를 위한 운영 규정과 매뉴얼 _ 093

빌딩 운영 규정의 필요성과 구성 내용 _ 093

운영을 위해 필요한 기타 매뉴얼 _ 094

04 임차인 리스크 관리와 예방법 _ 097

임차인 리스크의 종류 _ 097

임차인 리스크의 예방과 제거 _ 099

임차인의 선별 기준 _ 102

가중평균 잔여 임대기간(WALE) _ 103

제소전화해의 활용 _ 105

부실 임차인의 처리와 대응 _ 107

05 사고 예방과 운영 관련 보험 _ 109

운영 중 발생하는 재해와 사고 예방 _ 109

임차인 민원과 대응 _ 110

부동산 운영 관련 보험 _ 112

빌딩 운영을 위한 보험 관련 용어 _ 115

PART 04 임대차계약 관리와 실무 지식 _ 119

01 상업용 부동산 임대시장의 구조와 기본 지식 _ 119

임대 시장과 임대 업무의 구분 _ 119

임대 업무를 위한 실무 지식 _ 122

순점유비용(NOC)의 정의와 해석방법 _ 125

임차인이 사무실 이전 시 검토 요소 _ 127

임차인이 사무실을 이전하는 이유 _ 132

02 임대료 및 관리비 종류와 임대 마케팅 _ 135

임대료와 관리비의 종류 _ 135

임대 마케팅 지원 방식 _ 137

임대 전략 _ 140

03 표준 임대차계약서의 주요 항목과 내용 _ 142

임대차계약서의 주요 항목 _ 142

04 임대차계약 정보의 관리 _ 152

임대차계약 정보의 관리 _ 152

임차인의 현황 관리 _ 155

05 임대차계약의 변경과 임대료 및 관리비의 조정 _ 158
임대차계약의 변경 _ 158
보증금, 임대료 및 관리비의 조정 _ 159

PART 05 자산관리자의 주요 업무 _ 163

01 임차인 입주 중 주요 업무 _ 163
임차인 입주 중 업무 _ 163

02 임대료 및 관리비의 청구와 각종 비용의 지급 _ 171
임대료 및 관리비의 청구와 미수금의 관리 _ 171
운영 비용의 청구와 각종 비용의 지급 _ 172
유지 보수비, 각종 비용 및 돌발 비용 지급 처리 _ 174

03 임차인과의 관계 관리 _ 176
임차인의 유지 및 관리의 중요성 _ 176
임차인이 원하는 것 _ 177
임차인이 높이 평가하는 항목 _ 178
임차인과의 커뮤케이션 _ 180

04 연체 임차인의 발생과 관리 방법 _ 181
연체 발생 시 업무 절차 _ 181
연체 임차인과의 협상법 _ 182
05 임차인 퇴거 절차와 관련 업무 _ 185
임차인 퇴거 시 필요 업무 _ 185
보증금 반환 체크 리스트 _ 186

PART 06 운영 예산의 작성과 구성 항목 _ 191

01 운영 예산의 준비와 배경지식 _ 191
운영 예산의 준비와 작성 _ 191
운영 예산 작성의 기준 수립 _ 192
운영 예산 템플릿의 구조와 항목들 _ 194
운영 예산의 흐름 _ 197
02 운영 예산의 구성과 항목 해설 _ 198
영업수익의 구성 _ 198
FM 용역비의 구성 _ 201

외주 용역 및 수선비 – 건축 _ 203

외주 용역 및 수선비 – 전기 _ 204

외주 용역 및 수선비 – 기계 _ 206

외주 용역 및 수선비 – 소방 _ 207

외주 용역 및 수선비 – 미화 _ 209

외주 용역 및 수선비 – 보안/안내 _ 210

외주 용역 및 수선비 – 주차 및 기타 _ 210

외주 용역 및 수선비 – 공사비 _ 212

수도광열비 _ 212

각종 세금 _ 213

보험료 등 _ 214

임대 비용, PM 수수료 등 _ 215

기타 운영비 _ 216

영업 외 수익과 비용 _ 217

자본적지출(CAPEX) _ 218

03 자산관리 보고서의 작성 _ 219

자산관리 보고서의 구성과 내용 _ 219

자산 운영의 평가와 기준 _ 222

PART 07 자산 매각과 투자 전략의 이해 _ 227

01 부동산 자산 매각 절차의 이해 _ 227

부동산 자산 매각 절차 _ 227

자산 매각 시 자산관리자의 역할 _ 229

02 자산매입을 위한 가지 기본 실사 _ 231

법률실사 _ 231

감정평가 _ 232

재무실사 _ 233

물리실사 _ 233

03 부동산 금융 용어와 자산 가격 산정 _ 235

자본환원율 _ 235

감정평가 3방식의 이해 _ 237

임대료와 매각가 비교 사례를 활용한 자산 가격 비교 _ 240

대출 이자율과 자산 가격 _ 243

04 투자 자금의 구성과 자금의 종류 _ 244

투자 자금의 구성 _ 244

투자자의 종류에 대한 이해 _ 246

05 다양한 투자 구조화를 통한 전략 _ 248

Equity 투자자 Trench를 활용한 다변화

– 이종 수익증권 _ 248

Loan 투자자 Trench를 활용한 다변화

– 선, 중, 후순위 구조 _ 250

자산관리회사들의 PM 수주

– 보통주 참여와 임차 확약 _ 251

Equity 투자자와 Loan 투자자가 동일 _ 252

Sale and Leaseback 이후 보통주 참여 _ 253

건설사들의 책임준공과 Master Lease 구조 _ 254

투자자의 조건부 선매입 구조 _ 255

우선 매수 옵션의 행사와 활용 _ 256

현금흐름의 안정성을 통한 구조화 _ 258

Share Deal VS Asset Deal _ 259

Refinancing _ 260

Recapitalization _ 261

PART 08 자산 가치 향상 전략과 자산관리의 미래 _ 265

01 부동산 자산 가치 향상 전략과 실행 방안 _ 265

자산 가치 향상의 의미 _ 265

자산 가치의 종류 _ 267

자산 가치 향상 사례 탐구 – FM 근무자들의 업무 환경 _ 269

자산 가치 향상 사례 탐구 – 차별화된 빌딩 서비스 _ 271

부가 수익의 창출 _ 273

리모델링 및 시설물 개선 공사 _ 274

홍보 마케팅 전략 _ 276

02 임차인 근무 환경의 변화와 각종 사례 _ 278

세대(사용자)의 교체와 일하는 방식의 변화 _ 278

초고층 빌딩과 복합개발 자산들의 증가 _ 279

빌딩 경쟁자들의 등장 _ 281

임차인 편의 시설과 사례 _ 284

03 친환경 빌딩의 운영과 관리 _ 286
쾌적한 실내 환경에 대한 요구 _ 286
LEED, WELL 그리고 ESG _ 288

책을 마무리하며 _ 291

PART 01

상업용 부동산 시장과 자산관리자

상업용 부동산 시장과 자산관리자

01

01 자산관리의 목적과 자산관리자의 정의

부동산 자산관리의 목적

부동산은 건축물이라는 물리적인 형태가 있다. 그렇기 때문에 자산관리의 가장 기본적인 목적은 해당 자산을 잘 활용할 수 있도록 운영과 유지 관리를 하는 데 있어야 한다. 특히, 상업용 부동산은 그 규모가 크고 그 안에 들어가 있는 장비나 시설물이 다양하고 복잡하여 전문적인 관리가 필요하다.

그런 부동산을 사용하는 주체는 임차인이다. 특히, 상업용 부동산의 임차인은 부동산이라는 공간을 점유하면서 각자 원하는 경제적 목적을 달성하기 위해 비즈니스를 하는 법인이 대부분이다. 이들은 임대료와 관리비라는 비용을 지불하고 각자의 사업을 영위하면서 수익을 창출한다. 따라서 임차인을 만족시키는 것은 자산관리에 있어 중요한 요소가 된다.

[임차인이 입주하기 전 공실]

왜냐하면, 임차인이 본업에 충실할 수 있도록 쾌적한 업무 환경을 제공해 주는 것이 기본이 되어야 임직원들도 업무 생산성이 향상되어 매출 증대에도 도움이 되기 때문이다. 그런 결과물로 임차인도 제때 임대료와 관리비를 납부할 수 있는 것이다.

부동산을 사용하는 각각의 임차인이 이런 선순환을 통해 우량 임차인이 된다면 이는 수익적인 측면에서 빌딩의 운영 이익을 극대화할 수 있다. 자산관리자의 주요 임무 중에 하나는 자산 운영 수익을 향상시키는 것이다. 그래야만 그 재원을 가지고 부동산을 운영해 나가고 더 나아가서는 매각 시점에는 자산 가치 향상을 통해 더 많은 매각 차익을 향유할 수 있는 것이다.

상업용 부동산 자산관리의 목적은 이처럼 다양하지만 같은 빌딩이더라도 사용 목적이 다른 부동산의 경우는 달성해야 하는 목표가 달라질 수밖에 없다. 전문적인 자산관리를 하는 자산 가운데 사옥 용도로 사용되는 부동산이 그런 경우이다. 사옥은 해당 회사의 임직원들을 위해 사용하는 부동산으로 수익적인 관점보다는 편의성이나 복지 차원에서 운영되는 곳이 더 많다. 따라서 자산관리는 어떤 종류의 자산을 무슨 용도로 사용하느냐에 따라 그 목적이 달라질 수 있다.

[노출형 천장으로 개방감을 높인 임대공간]

부동산 자산관리의 도입배경

국내에서 전문적인 부동산 자산관리는 미국이나 영국 등 오피스 빌딩이 발전한 곳에서 활동하는 글로벌 자산관리 회사들이 국내에 진입하면서 발전하기 시작했다. 1997년 IMF 경제 위기를 겪으면서 많은 기업들이 도산을 하고 구조조정을 하면서 상업용 부동산을 매각하고 이를 해외 자본들이 헐값에 매입하면서 이를 관리해야 하다 보니 글로벌 부동산 자산관리 회사들이 국내에 진입을 하기 시작했다.

CBRE는 1999년에 국내에 진출을 했고, Savills는 2008년에 BHP 코리아를 인수하면서 국내에서 사업을 시작했다. 그리고 JLL과 쿠시먼앤드웨이크필드는 2000년에 한국지사를 설립하면서 국내에 진출을 했다.

이렇게 글로벌 부동산 자산관리 회사들이 국내에 진입을 하면서 관련 산업도 크게 성장을 하게 되었다. 그래서 업무 방식이나 각종 업무 관련 템플릿 등을 외국계 회사들이 사용하던 방식을 그대로 활용하는 일이 많았다. 그러다 보니 지금까지도 현업에서 사용하는 용어의 대부분이 영어로 된 것이 많은데 이를 번역하지 않고 그대로 사용하는 경향이 남아있다.

한편, 국내에서도 자산관리를 전문적으로 하는 회사들이 있었다. 대부분 대기업 금융 계열 회사로 주로 보험사나 은행처럼 전국적인 지점을 필요로 하는 회사들은 부동산을 직접 보유하다 보니 이를 관리하는 조직이나 회사를 가지고 있었다. 삼성생명의 자산을 관리했던 샘스는 현재의 메이트플러스와 젠스타메이트 등의 전신이다. 교보리얼코는 교보생명의 자회사로 관련 자산을 관리하는 회사이다. 그리고 LG그룹의 자산을 관리하는 서브원(현재는 S&I 등으로 사명 변경), 한화그룹의 자산을 관리하는 한화 에스테이트, 포스코의 자산관리를 하는 포스코 O&M 등이 대기업 관계사 자산관리회사의 대표적인 곳이다.

[국내 주요 자산관리 회사]

부동산 자산관리자란?

앞서 설명한 것처럼 부동산 자산관리의 개념은 해외에서 먼저 발달하였기 때문에 그들은 어떻게 부동산 자산관리자를 정의하고 있는지 살펴보면 부동산 자산관리자가 어떤 일을 하는지 이해하기가 쉬울 것이다.

Definition of : property manager

A knowledgeable professional who has 1) the experience and skills to operate real estate and understands 2) the fundamentals of business management.

The person who supervises the 3) day−to−day operation of a property, making sure it is properly leased, well maintained, competitive with other sites, and otherwise managed according to 4) the owner's objectives.

The chief operating officer or administrator of a particular property or group of properties.

출처 : IREM(Institute of Real Estate Management).

Property management is the 1) operation, control, and oversight of real estate as used in its most broad terms.

Property management typically involves the managing of property that is 2) owned by another party or entity. The property manager acts on behalf of the owner to preserve the value of the property while generating income.

출처 : Wikipedia.

DEFINITION of 'Property Manager'

An individual or company responsible for the day-to-day functioning of a piece of real estate. Property owners typically hire property managers when they are 3) unwilling or unable to manage the properties themselves, perhaps because they live out of town, don't have the time or don't wish to be hands-on about the investment.

출처 : Investopia

지금까지 필자의 경험과 해외에서 정의하는 내용을 바탕으로 부동산 자산관리자를 정의한다면 다음과 같을 것이다.

자산관리자의 정의

부동산 자산관리자란, 직접 관리하기 어려운 부동산을, 소유자를 대신하여 다양한 경험과 지식을 바탕으로 운영, 관리, 감독하여 안정적인 운영 수익과 매각 차익을 낼 수 있도록 하는 부동산 전문가이다.

[여의도 업무 권역의 빌딩들]

상업용 부동산 업계에서 투자하고 운영하는 자산들은 부동산 자산관리자의 역할과 역량에 따라 자산의 가치가 달라질 수 있다. 그래서 부동산 펀드나 리츠가 보유한 프라임급 빌딩이나 대형 빌딩들을 운영하기 위해 능력 있는 부동산 자산관리자를 보유한 자산관리 회사에 업무를 위탁하는 것이다.

부동산 자산의 경영자

부동산 자산관리자는 부동산이라는 하나의 회사를 운영하는 경영자나 마찬가지이다. 부동산 자산관리자의 정의에서 살펴본 것처럼 부동산에서 발생하는 전체적인 수입 및 비용을 관리하여 수익을 내는 역할은 기업의 운영 목적과도 일맥상통한다. 실제로 부동산투자회사라고 부르는 리츠는 주식회사의 형태로 부동산을 통해 수익을 창출하는 데 목적이 있는 회사이다.

부동산 자산관리자는 부동산 운영을 위해서 예산 수립, FM 인력의 채용과 인사, 공간의 임대 마케팅, 다양한 법률문제의 검토, 수선 및 보수 공사 검토, 아웃소싱 계약의 관리 등 부동산 자산의 경영자로서 실무적인 다양한 일을 한다.

이렇듯 부동산 자산관리자는 자산의 경영자 역할을 하면서 다양한 관계자들과 업무를 해나가는 메신저로서의 임무도 수행을 한다. 부동산 운영을 위해 필요한 여러 가지 분야의 사람들이나 업무들과 연결되어 있고 그 중심에서 업무를 조율해 나가야 한다.

따라서 부동산 자산관리자는 부동산이라는 상품을 세일즈하는 경영자이자 메신저로서의 역할에 충실할 수 있는 자질과 능력을 갖춰야 한다.

02 상업용 부동산 시장 구성과 자산의 특징

상업용 부동산 시장 참여자

상업용 부동산 시장은 개인 투자자보다는 전문 기관투자자들이 주도하고 있다. 무엇보다 부동산 자산의 면적도 크고 투자해야 하는 자금의 규모도 상당하기 때문이다. 개인 투자자와 전문 기관투자자들 간의 시장을 구분하는 투자 금액을 정확하게 규정하기는 어렵지만 대개 상업용 부동산 시장에서 거래가 되는 자산의 규모는 500억 이상의 자산들이 대부분이다.

기관 투자자들이라고 하면 지분투자(Equity)에 참여하는 연금이나 기금, 해외 투자자 등이 있다. 또한, 부동산 매입 시에는 담보대출을 활용하는 일이 많기 때문에 이런 대출투자(Loan)에 참여하는 은행, 보험사 등도 주요 기관 투자자들이다.

기관 투자자들은 직접 자산을 매입하기보다는 부동산 자산운용사가 만드는 부동산 펀드나 부동산투자회사인 리츠 등 간접투자 기구를 통해 투자에 참여하는 게 일반적이다. 이는 많은 투자 자금을 개별적으로 관리하기 어렵다 보니 이를 부동산 투자 전문회사인 자산운용사와 리츠에 위탁하는 간접투자의 형태를 띠게 되는 것이다.

최근에는 기관 투자자들뿐만 아니라 일반인들도 투자가 가능한 공모 펀드나 상장 리츠를 통해 개인들도 대형 상업용 부동산에 투자를 할 수 있는 기회가 늘어나고 있다.

[리츠 관련 정보를 검색할 수 있는 리츠 정보시스템]

법적인 용어로 집합투자기구인 부동산 펀드는 다음 도식에서 보는 것처럼 다양한 참여자들에 의해 투자와 운영이 이뤄진다. 실질적인 자금은 기관 투자자들로부터 모집을 하고 이를 운용하여 투자자들에게 수익과 이자를 배분한다. 이렇게 투자한 부동산을 부동산 자산관리회사(PM : Property Management)에 위탁하여 운영을 하는 것이다. 이렇게 부동산 자산관리회사에 소속되어 해당 자산을 운영하는 담당자가 부동산 자산관리자인 Property Manager인 것이다.

그리고 부동산 자산운용사는 수익증권의 판매, 가격산정 등을 위해 이를 판매회사와 일반 사무관리회사에 관련 업무를 위탁을 하고 수익증권의 보관을 위해서 은행 등 수탁회사들과 계약을 통해 업무 관계를 맺게 된다.

[부동산 펀드의 투자구조]

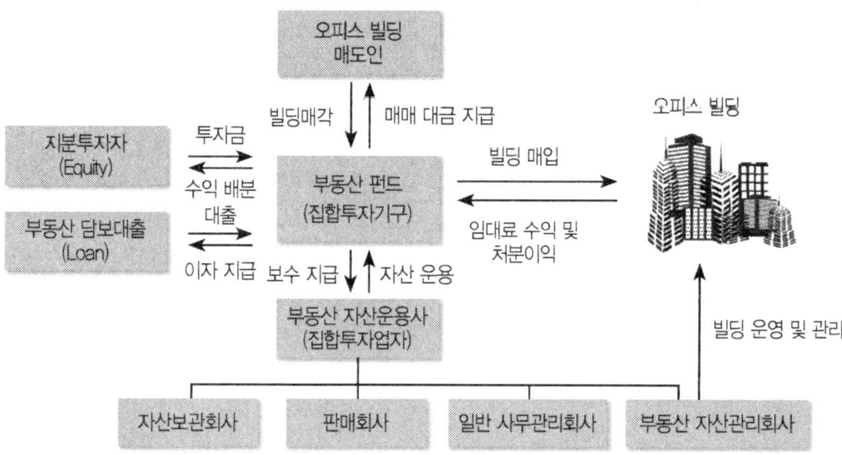

상업용 부동산의 종류와 특징

상업용 부동산 업계에서 투자하는 자산의 종류는 그 영역을 지속적으로 넓혀가고 있다. 전통적으로 투자들이 관심을 가지고 있는 오피스 빌딩에서부터 물류, 호텔, 리테일, 임대주택, 코리빙, 셰어하우스, 데이터 센터 등 다양한 자산이 상업용 부동산의 투자처가 되고 있다.

뿐만 아니라 이미 개발된 자산을 사고파는 실물 부동산 시장 이외에도 부지를 직접 매입하고 개발하는 분야까지도 투자 영역을 넓혀가고 있다.

상업용 부동산의 투자 범주는 부동산의 개발, 운영, 처분의 과정을 통해 수익 창출이 가능한 자산이라면 그 영역이 계속해서 확장될 것이다. 이는 부동산을 사용하는 사회 환경의 변화에 따라 앞으로도 계속해서 변화하고 그 형태도 다양해질 것이다.

특히, 과거에 비해 부동산 개발 형태는 점차 대형화되고 복합화되는 특징이 있다. 그런 점에서 이런 자산을 관리하는 데 더 많은 전문성을 요구하고 있어 자산관리자의 중요성과 역할도 점점 커지고 있다. 대형화되는 복합자산의 운영은 고려해야 할 것들도 많고 운영하는 데 있어 일반 빌딩에 비해 난이도가 높기 때문이다.

이렇게, 다양한 종류의 상업용 부동산이 투자의 영역으로 편입되고 있지만, 경제 변동, 법규의 변화, 트렌드와 라이프 스타일의 변화 등에 따라 투자 자산별로 투자 성과에 대한 명암이 엇갈리기도 한다. 따라서 상업용 부동산의 투자와 운영 관리가 어떤 변화를 맞이할 것인지 과거의 사례를 살펴보고 앞으로 나타날 가능성이 있는 여러 가지 변수를 고려하여 적절한 준비를 할 필요가 있다.

부동산의 생애 주기와 주요 업무

상업용 부동산은 물리적인 건축물을 완성하고 나서 이를 사용하다 내용연수가 경과되면 이를 다시 재건축하거나 재개발하는 순서로 생애 주기가 반복된다. 부동산을 개발하는 과정 가운데 사업 타당성에 대한 컨설팅에서부터 개발 재원을 조달하기 위한 투자 금융 등 다양한 참여자가 필요하다. 이후에 자산이 준공되면 이를 운영 및 관리하는 주체가 필요하다.

상업용 부동산의 운영 목적은 궁극적으로 공간을 파는 비즈니스이기 때문에 이를 사용하고자 하는 임차인을 구하는 일이 필수적이다. 이런 업무는 임대차 컨설팅의 영역으로 분류가 된다. 이를 세분화해서 살펴보면 임대인을 대신하여 공간을 마케팅하는 임대자문과 임차인을 대신해서 공간을 찾아주는 임차자문으로 구분된다.

[Parc 1 오피스 빌딩의 로비]

개발이 완료되어 운영되는 자산은 이를 투자한 투자자들에게 투자원금을 되돌려주기 위해 정해진 투자 기간 후에는 매입매각 자문 컨설팅 회사들을 통해 새로운 소유자를 찾아 매각하는 과정을 거친다. 이런 사이클은 자산의 내용연수가 경과되는 동안 계속해서 반복된다.

이와 같은 부동산의 생애 주기 속에, 상업용 부동산 전문가들이 담당하는 각자의 영역이 있는 것이다. 상업용 부동산 투자자들은 투자 상품으로 만든 부동산을 임대하고 임차인으로부터 발생하는 임대 수익과 매각 시 발생하는 매각 차익을 기대하면서 계속해서 투자 활동을 하는 것이다.

[부동산의 생애 주기와 주요 업무]

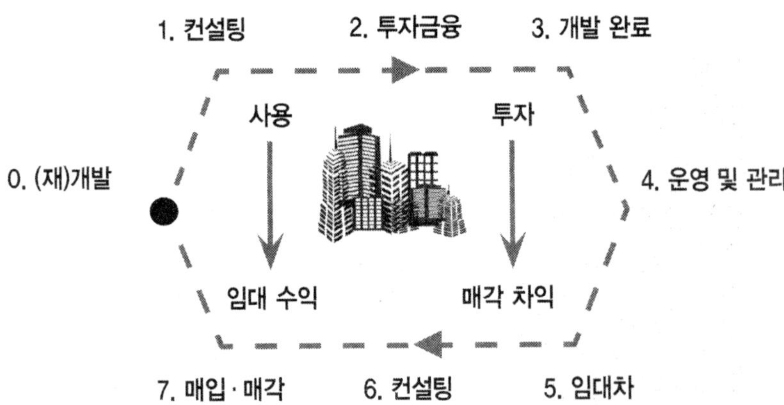

03 자산관리를 위한 구성 요소

자산 운영과 각 분야의 역할

자산관리자가 오피스 빌딩을 운영한다고 가정했을 때 그 업무를 위한 관계자들이나 구성요소에는 어떤 것들이 있는지 하나씩 살펴보도록 하자. 우선, 기본적으로 부동산을 사용하는 User인 임차인과 빌딩의 공간을 잘 사용할 수 있도록 건축물인 Hardware를 관리하는 시설관리자들이 있을 것이다.

일반적으로 규모가 크지 않고 투자 목적이 아닌 부동산은 임차인 관리를 위해 시설관리자만 있어도 운영이 가능하다. 반면 상업용 부동산은 수익을 내야 하는 목적이 있기 때문에 이를 운영할 수 있는 업무 시스템을 통해 빌딩을 운영하고 임차인 관리를 하게 된다. 즉, 빌딩 운영의 노하우나 관리 방식이 담긴 소프트웨어를 운영하는 역할을 하는 자산관리자가 필요한 것이다.

상업용 부동산 자산운영을 위한 각 섹터를 분할해 보면 다음 그림과 같다. 부동산 자산을 투자자의 관점에서 관리를 하는 AM(Asset Management), 빌딩의 일상적인 운영과 관리를 담당하는 PM(Property Management), 건축물 설비와 시설 전반을 관리하는 FM(Facility Management), 마지막으로 임차인을 발굴하는 LM(Leasing Management)으로 크게 구분을 해볼 수 있다.

[오피스 빌딩의 운영 구성 요소]

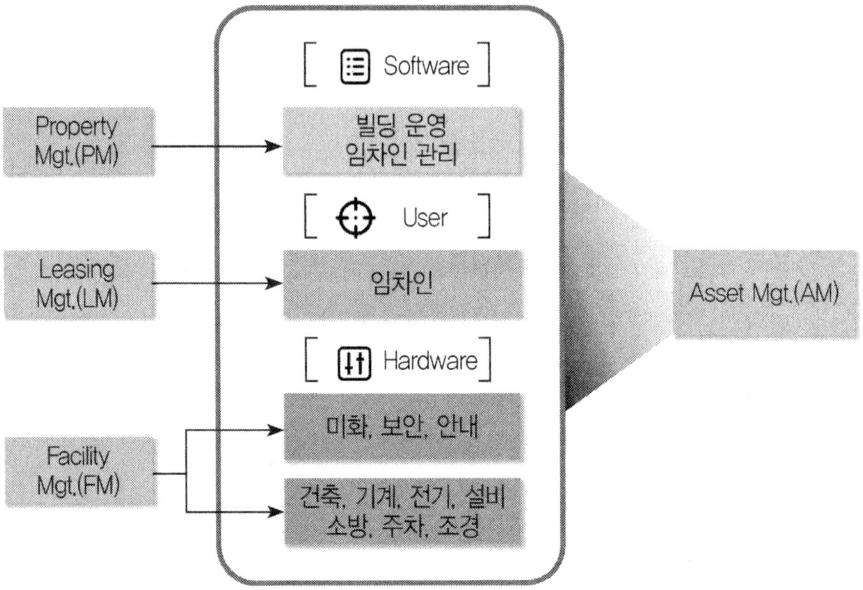

PM 팀의 구성 인력과 자산관리 수수료

일반적으로 자산관리자를 필요로 하는 상업용 부동산은 그 규모가 크기 때문에 PM 팀을 구성할 때 각각의 직무 구분에 따라 인력을 편성하게 된다. 해당 자산을 총괄하는 팀장과 실무 업무를 주관하는 자산관리자, 각종 공사 및 FM 관련 업무 처리가 가능한 엔지니어 그리고 임대료 청구 및 회계 업무를 담당하는 회계 관리자로 팀의 인력이 편재된다. 다만, 자산의 상황에 따라 간단한 회계 업무는 물론 시설 관련 업무도 FM 팀의 도움을 받아 자산관리자가 담당하기도 한다.

대개 PM 팀은 해당 자산에 상주하면서 업무를 하게 되는데 이를 On-site PM이라고 한다. 그리고 이와는 반대로, 자산 규모가 크지 않거나 주기적인 점검 업무만을 하는 자산의 경우 상주하지 않고 원격에서 관리하는 형태의 자산 관리팀도 있다. 이런 경우 보통 한 팀에서 여러 개의 자산을 관리하기도 한다.

PM 인력의 구성은 자산운용사나 부동산투자회사 또는 자산의 소유자들이 보통 입찰을 통해 자산관리회사를 선정하기 때문에 경쟁입찰에서 수주를 할 수 있는 적정 인력으로 제안을 하게 된다. 자산관리회사는 자산을 운영하고 관리하는 것에 대한 보수로 자산관리수수료를 받는데, 이를 PM Fee라고 부른다.

PM Fee는 해당 자산을 운영하는 데 필요한 인력에 대한 인건비와 회사의 이윤으로 구성된다. 통상 경쟁 입찰을 하다 보면 우선협상대상자로 선정되기 위해 수주 경쟁을 하면서 PM Fee가 낮아지기도 한다. 이런 경우 PM 회사는 자산 운영 중 임차인과 재계약 시 발생하는 재계약 수수료 등의 재원을 통해 수익을 보전하기도 한다.

[PM 팀의 구성 인력]

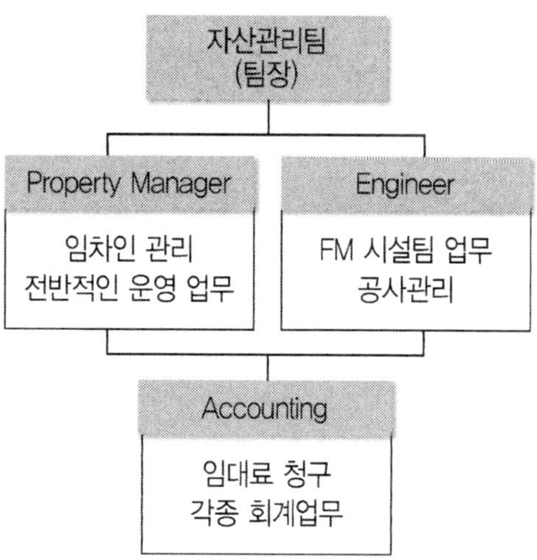

PART 02

자산관리 업무를 위한 기본 지식

자산관리 업무를 위한 기본 지식

02

01 자산관리자의 역량과 배경지식

부동산 자산관리자의 역량

부동산 자산관리자는 자산을 운영하면서 일어나는 여러가지 상황에 대처하고 이와 관련하여 발생하는 문제를 해결해야 한다. 그래서 부동산과 관련한 다양한 지식을 습득하고 있어야 한다. 부동산 금융, 각종 법규, 건축 설비, 임대차 관련 지식 등 광범위한 분야의 내용들을 종합적으로 알아야만 한다.

상업용 부동산 산업이 성장하고 발전하면서 자산들이 점점 대형화하고 복합화하는 경향이 있다. 그리고 전통적인 대체자산의 투자처인 오피스 빌딩 이외에도 호텔, 각종 리테일 자산, 물류창고, 데이터센터 등 부동산 투자 상품들이 다양해지면서 자산관리자가 담당하게 되는 부동산의 유형도 점차 늘어나고 있다. 그러다 보니 자산 형태별로 추가적으로 알고 있어야 하는 배경지식들도 많아지고 있다.

[물류센터 내부]

부동산 자산관리자는 이런 다양한 지식을 깊이 있게 알고 새로운 정보를 신속하게 습득하는 것도 좋겠지만, 현업의 일들은 즉시 해결해야 하거나 신속하게 처리해야 하는 것들이 더 많기 때문에 지식 습득을 위해 많은 시간을 소비할 수는 없다. 따라서 지식의 깊이 있는 학습보다는 넓고 얕게 업무와 관련된 광범위한 배경지식을 빠르게 체득하는 게 중요하다. 이런 식의 대비를 통해 문제가 발생했을 때 어떤 부분을 살펴봐야 하는지 핵심을 파악하고 부수적인 업무는 다른 전문가에게 위임하여 해결하는 방식으로 업무를 처리해 나가는 게 효과적이다.

상업용 부동산을 운영하는 데 있어 핵심은 무엇보다도 임차인이다. 임차인이 공간을 사용하는 것에서 주된 임대 수입이 발생하기 때문에 임차인과의 관계 관리가 무엇보다 중요하다. 특히, 프라임급 빌딩이나 랜드마크 빌딩 등의 경우 관리비도 시장에서 받는 최고 수준이기 때문에 이에 상응하는 관리 수준을 요구하는 임차인들도 많다. 따라서 부동산 자산관리자는 임차인들의 이런 요구사항에 잘 대응할 수 있는 능력도 보유해야 한다.

특히, 빌딩 내에서 사고 발생 시에 민원의 강도도 높아지고 있어 이에 대응하는 능력과 평소 임차인과의 관계 관리를 잘할 수 있는 커뮤니케이션 능력 또한 필요하다.

이렇게 부동산 자산관리자의 역할이 중요하기 때문에 운영 과정에서 자질이 부족하다고 여겨지면 담당자 교체를 요구하는 경우가 발생하기도 한다. 만약 자산관리자의 역량이 부족하면 인력 변경을 넘어 부동산 자산관리회사 입장에서는 다른 사업장 수주에도 좋지 않은 영향을 줄 수 있기 때문에 능력 있는 부동산 자산관리자를 보유하거나 이에 맞는 직무 능력을 갖출 수 있도록 트레이닝을 할 필요가 있다.

경험이 많고 능력 있는 자산관리자는 신축 빌딩을 계획하거나 설계를 할 때 운영하면서 발생할 수 있는 다양한 문제들에 대한 조언을 해줄 수 있다. 또한, 신축 건물 인수인계 시에 각종 하자나 문제점들을 찾아내고 이를 해결하는 데 큰 역할을 할 수 있다. 그런 점에서 대규모 개발사업을 진행할 때 공사 시점부터 자산관리자가 참여하는 프로젝트들도 늘어나고 있다.

자산관리업무를 위한 배경지식

자산관리 업무를 하기 위해서는 앞서 설명한 것처럼 다양한 배경지식이 필요하다. 그중에서도 필수적으로 알아야 하는 것은 재무나 부동산 금융에 대한 기본적인 지식이다. 부동산 자산을 통해 수익을 내야 하는 기본적인 목표를 위해 자산관리자가 고용되는 것이기 때문에 재무적인 기본 지식을 바탕으로 업무를 해 나가야 한다.

또한, 자산관리자는 부동산 펀드나 리츠 등이 보유한 자산을 관리하는 일이 많기 때문에 부동산 금융에 대한 지식이 필요하다. 관련 용어나 투자 구조 등을 숙지하고 있으면 업무 적응도 쉽게 할 수 있다. 또한, 이런 배경지식이 있으면 부동산 펀드나 리츠이기 때문에 해야 하는 업무 프로세스에도 쉽게 적응할 수 있다.

다음으로 부동산의 물리적인 요소를 구성하고 있는 건축 설비에 대한 지식이 필요하다. 부동산 자산을 운영하는 것은 건축물에 설치된 물리적인 시설을 잘 관리하여 임차인에게 만족스러운 업무 환경을 제공하는 게 기본이 되어야 한다. 따라서 이런 건축 설비들에 대한 기본적인 이해를 하고 있어야 운영 중 여러 가지 장비에서 발생하는 문제나 각종 공사 등의 업무를 처리할 수 있다.

그리고 각종 부동산 관련 법규에 대한 이해가 필요하다. 다양한 부동산 법규가 있지만 자산관리자가 업무를 해 나가기 위해서는 기본적인 법규 체계에 대한 이해가 있어야 한다. 다음에 나오는 상업용 부동산 법규 관계도를 통해 어떤 상황이나 문제가 발생했을 때 관련 법규를 어떤 것들을 살펴봐야 하는지 알아 두는 것이 좋다.

많은 법규가 있지만 그중에서 부동산 펀드와 관련된 내용을 담고 있는 자본시장통합법과 리츠와 관련된 법규인 부동산투자회사법에 대해 숙지를 하고 있으면 업무를 하는데 수월할 수 있다. 무엇보다 법규를 이해하고 있으면 부동산 관련 용어들과 업무 처리 기준들을 알 수 있고, 펀드와 리츠에 대한 이해도를 높일 수가 있다.

더불어, 자산관리자는 임차인과 체결한 임대차계약을 기초로 해서 업무를 하기 때문에 계약서를 해석하고 그곳에서 사용하고 있는 각종 법적 용어나 임대 관련 전문 용어에 대해 이해를 잘하고 있어야 한다.

[상업용 부동산법규 관계도]

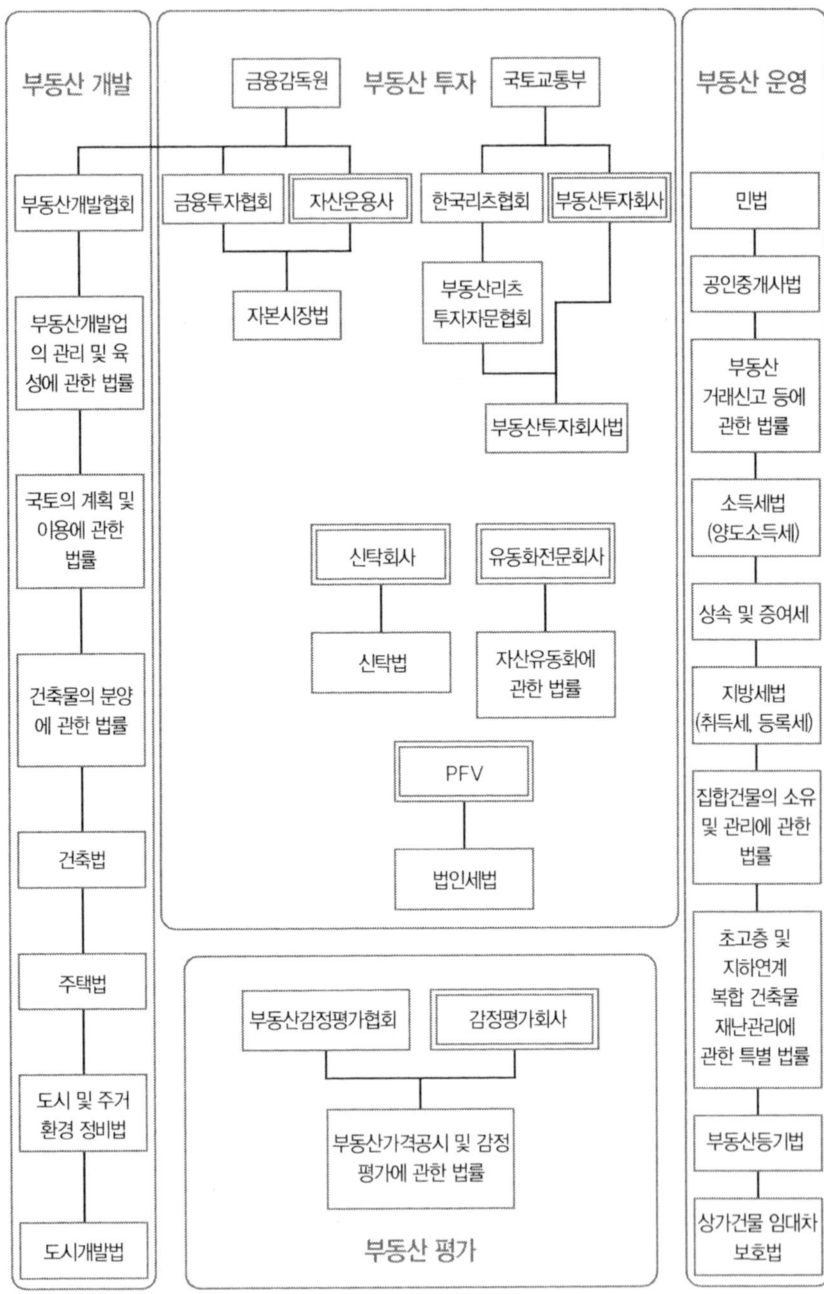

02 자산관리를 위한 재무제표의 이해

재무제표의 구성 요소

자산관리자는 부동산이라는 제품을 매개로 기업을 운영하는 것이나 다름없다. 그래서 일반적인 기업 경영과 마찬가지로 기본적인 회계 지식이 필요하다.

실제로, 자산관리자가 하는 중요 업무 중 하나인 예산 작성은 부동산의 예상 손익계산서를 작성하는 것과 동일한 업무이다. 무엇보다도 부동산 자산관리자는 소유자를 대신해 투자 수익을 내기 위해 자산을 운영하는 것이기 때문에 자산이 어떤 자금을 활용해 투자가 되었고 그 결과가 재무적으로 어떤 상태인지를 알아야 한다.

그렇기 때문에 부동산 자산관리자는 재무제표의 종류와 그 구성 요소가 어떤 의미를 가지는지 이해하고 있어야 한다. 특히, 부동산투자회사는 주식회사의 형태이기 때문에 투자보고서 또는 운영보고서의 작성을 하기 위해서는 재무제표에 대한 지식은 필수적이다.

재무제표는 기업의 재무 상태와 경영 성과 등을 회계 기준에 따라 작성한 보고서들을 말한다. 재무제표는 재무상태표, 손익계산서, 현금흐름표, 자본변동표, 주석으로 구성된다.

재무제표의 정의와 구성	기업의 재무상태와 경영 성과 등을 회계 기준에 따라 작성한 보고서들
1 재무상태표	일정 시점 현재 기업의 재무상태, 기업의 자산, 부채, 자본의 상태를 보여주는 재무보고서
2 손익계산서	영업도중 발생한 모든 수익과 비용을 기재하고 해당 기간 동안의 순이익을 표시하는 계산서
3 현금흐름표	일정 기간 동안의 기업의 현금흐름을 나타내는 표
4 자본변동표	일정 시점 기업의 자본의 크기와 일정기간 동안 자본 변동에 관한 정보를 나타내는 표
5 주석	재무제표의 숫자의 의미를 상세하게 보여주는 설명서

(1) 재무상태표

재무상태표를 통해 기업의 안정성을 검토할 수 있다. 재무상태표에는 투자자들로부터 조달한 자본과 채권자들로부터 조달한 부채에 대해 알 수 있다. 그리고 이 부채와 자본으로 어떤 자산에 투자를 했는지 확인할 수 있다.

(2) 손익계산서

손익계산서를 살펴보면 기업의 수익성 및 수익 활동을 분석할 수 있다. 손익계산서는 재무상태표의 자산 항목의 결과이다. 일정 기간 동안 수익과 비용을 보여주는 것으로 경영 성과를 확인할 수 있다. 각 단계별 수익과 비용을 살펴볼 수 있으며, 영업 손익이나 비영업 손익의 확인이 가능하여 미래 현금흐름과 수익 창출 능력을 예측해 볼 수 있는 정보가 담겨있다.

(3) 현금흐름표

현금흐름표는 일정 기간 동안 기업의 현금흐름을 나타내는 표이다. 손익계산서가 세금 계산서 발행시를 기준으로 하는 발생주의 회계를 따르는 반면에 현금흐름표는 현금이 입출금되는 시기에 맞춰 작성하는 방식의 현금주의 회계를 따른다. 즉, 재화와 용역의 공급시점이 아닌 현금을 받는 시점 기준으로 작성이 된다. 영업활동 현금흐름, 투자활동 현금흐름, 재무활동 현금흐름으로 구분된다.

(4) 자본변동표

자본 변동표는 일정 시점 기업의 자본의 크기와 일정 기간 동안 자본 변동에 관한 정보를 나타내는 표이다. 자본이 변동이 생기는 경우는 유상증자(감자), 무상증자(감자)와 주식 배당 등에 의해 자본 변동이 일어난다.

유상감자는 자본금 감소를 할 때 주주들에게 주식 가액의 일부를 환급하여 보상해 주는 방법이다. 주식 수는 감소되고 지분은 유지하면서 비율대로 보상을 받을 수 있다.

반대로 무상감자는 자본금 감소 시 보상 없이 감자비율만큼 주식 수를 없애는 것으로 주식 병합의 방식으로 자본금을 조정하는 것을 말한다.

(5) 주석

주석에서는 재무제표에 인식되지 않는 추가 정보 등을 확인할 수 있다.

재무제표에 표시되는 숫자에 대한 항목 설명이나 금액의 세부 사항들을 기재한다. 특히, 우발상황, 약정사항 등 재무제표에 인식되지 않는 추가 정보들을 알 수 있다.

재무제표의 활용과 이해

재무제표를 확인하면 어떤 자금이 부동산에 투자되었고 성과는 어떤지를 확인할 수 있다. 특히, 손익계산서를 활용하면 빌딩의 가치 평가도 가능하다. 순영업이익인 NOI를 계산할 수 있는 항목들을 손익계산서에서 정리하면 수익환원법으로 현재 가치를 간략하게 평가해 볼 수 있다.

이 밖에도 자산관리자는 재무제표에서 작성된 기본 자료를 활용해 다양한 업무에 활용할 수 있다. 과거의 손익계산서를 정리하면 연도별 손익계산서와 비교해 가면서 향후 운영 예산을 작성할 때 근거 자료로 활용이 가능하다. 연도별 임대료와 관리비의 인상이나 변동폭을 살펴보면서 수입에 대한 예측을 하고 반대로 비용 항목의 분석을 통해 지출에 대한 예측이나 인상률 등을 적용하는 데 필요한 정보들로 활용이 가능하다.

특히, 공모 상장 리츠의 경우 주기적으로 투자보고서나 운영보고서를 일반투자자들에게 제공해야 한다. 이런 보고서 작성을 위해 자산관리자는 자산운영을 하면서 정리된 자료들을 재무제표로 쉽게 변환할 수 있도록 관련 정보들을 평소에 잘 정리해 두어야 한다.

[삼성에프엔위탁관리부동산투자회사 투자보고서]

투 자 보 고 서

2023.02.01 부터 2023.04.30 까지

(제 2 기)

국토교통부장관, 금융위원회 귀중

부동산투자회사법 제37조, 동법 시행령 제40조 및 부동산투자회사등에 관한 감독규정
제7조의 규정에 의하여 투자보고서를 작성하여 제출합니다.

2023.07.21

회 사 명 :	(주)삼성에프엔위탁관리부동산투자회사				
대 표 이 사 :	윤양수				(인)
본점소재지 :	서울특별시 서초구 서초대로 74길 4,16층 (서초동, 삼성생명서초타워)				
	(전화번호)	02-3019-7057			
	(홈페이지)	www.samsungfnreit.com			
작성책임자 :	(회사)	삼성에스알에이자산운용 주식회사	(직책)	매니저	
	(전화번호)	02-3019-7057	성명	서나영	(인)
공시책임자 :	(회사)	삼성에스알에이자산운용 주식회사	(직책)	매니저	
	(전화번호)	02-3019-7057	성명	서나영	(인)

그리고 재무제표는 자산운영에 대한 결과로써 자산관리자가 일정 기간 동안 어떠한 성과를 냈는지 숫자로 표현을 해준다. 따라서 숫자로 나타난 결과에 대한 분석과 해석을 통해서 운영 계획은 잘 세웠던 것인지 그리고 계획에 맞게 자산을 운영한 것인지를 검토해 볼 수 있다.

03 부동산 공적 장부의 이해

부동산 공적 장부의 관리

자산관리자가 운영하고 관리하는 자산과 관련하여 외부에 공식적으로 공개가 되는 정보들이 있다. 그런 것들 가운데 대표적인 게 부동산 공적 장부이다. 이런 부동산 공적 장부는 법적인 효력이 있기 때문에 항상 자산의 현황과 일치하는지 그리고 최신의 정보인지를 체크하고 또 정확하게 기재가 되었는지 확인해야 한다.

부동산 공적 장부 가운데 자산관리자가 챙겨야 할 것은 건축물대장과 등기부등본이다. 건물의 변동 사항과 소유권 관련 변동 사항이 정리된 이 두 가지 공적장부들의 관리를 통해 외부에 공개되는 자산에 대한 정보의 정확성을 유지해야 한다.

건축물대장의 관리

- 건축물의 증축 · 개축 · 재축 · 이전 · 대수선 및 용도변경에 의하여 건축물의 표시에 관한 사항이 변경된 경우 업데이트

등기부등본의 관리

- 자산의 대출 금액 변동 시
- 임차인 보증금 변경 시 등 권리관계 수정
- 퇴거 임차인 각종 등기 말소

건축물대장은 건축물의 증축, 개축, 재축, 이전, 대수선 및 용도 변경이 일어나는 경우 이런 내용들이 건축물대장에 잘 기재가 될 수 있도록 관리해야 한다.

마찬가지로 등기부등본의 경우 자산의 대출 금액이 변동이 되거나 임차인의 보증금이 변경되는 경우 등 자산 소유권 관련 사항이나 각종 권리관계들의 정보를 최신의 상태로 유지해야 한다.

예를 들어, 건축물대장의 경우 임차인의 실제 사용 용도와 현황이 다른 경우에는 이를 변경해야 한다. 또, 임차인이 퇴거를 했다면 등기부등본에 설정되었던 근저당이나 전세권 등을 정리해야 한다.

건축물대장의 이해

건축물대장에 대하여 건축법에서는 다음과 같이 명시하고 있다.

건축물의 소유·이용 및 유지·관리 상태를 확인하거나 건축정책의 기초 자료로 활용하기 위하여 다음 각호의 어느 하나에 해당하면 건축물대장에 건축물과 그 대지의 현황 및 국토교통부령으로 정하는 건축물의 구조내력(構造耐力)에 관한 정보를 적어서 보관하고 이를 지속적으로 정비해야 한다.

해당 건축물이 「집합건물의 소유 및 관리에 관한 법률」의 적용을 받는지 여부에 따라 일반건축물대장과 집합건축물대장으로 구분된다.

등기부등본의 이해

부동산 등기란 국가에서 등기부라고 하는 공적 장부를 통해 부동산의 표시와 권리관계를 기재하는 것을 말한다. 소유권의 이전, 전세권, 저당권 등의 권리관계의 변동은 등기가 되어야 그 효력이 발생한다.

그리고 등기부란 부동산의 권리관계 및 부동산의 현황을 기재하는 장부를 말하는데, 토지 등기부와 건물 등기부의 2가지 유형으로 나눌 수가 있다. 집합건물의 경우 집합건물 등기부가 따로 있다.

부동산 등기란?

- 국가에서 등기부라고 하는 공적 장부를 통해 부동산의 표시와 권리관계를 기재
- 소유권 이전, 전세권, 저당권 등의 권리관계의 변동은 등기가 되어야 효력이 발생

등기부란?

- 부동산의 권리관계, 부동산의 현황을 기재하는 장부
- 토지 등기부, 건물 등기부 2가지 유형(집합건물 등기부)

부동산 등기부는 크게 표제부, 갑구 그리고 을구로 구성이 된다. 표제부에는 부동산의 표시와 관련된 정보가 기재되어 있다. 갑구에는 소유권에 관한 권리 사항들이 기재가 된다. 즉, 현재 소유자는 누구이고 기존의 누가 소유를 했었는지 확인이 가능하다.

그리고 을구에는 소유권 이외에 권리 사항이 표시된다. 예를 들어, 부동산을 매입했을 때 금융기관으로부터 대출을 받으면서 설정한 근저당권 등 관련 내역에서부터 임차인으로부터 받은 보증금에 대한 전세권이나 임차권 등이 기재된다.

[부동산 등기부의 요소]

등기부의 구성	1. 표제부 : 부동산의 표시	• 부동산의 표시
	2. 갑구 : 소유권에 관한 권리 표시	• 소유권 보존 등기 • 소유권에 대한 압류 • 경매개시결정 등기 • 소유권 말소 또는 회복에 대한 재판을 알리는 예고등기 • 가처분 등기
	3. 을구 : 소유권 이외의 권리 표시	• 저당권 • 전세권 • 지역권, 지상권

04 시설관리 인력과 건축 설비

시설 운영팀의 구성과 역할

시설 운영팀은 현업에서 보통 FM 팀(Facility Management Team)이라는 용어로 부르고 있다. 시설 운영팀에서는 빌딩에 있는 물리적인 시설들을 운영 및 관리하고 임차인의 쾌적한 업무 환경을 위한 서비스 제공의 역할을 한다. FM 팀의 구성은 전체 팀을 관장하는 소장이 있고, 관련 법에 적용을 받는 초고층 빌딩이나 복합 빌딩의 경우 총괄 재난안전관리자를 별도로 두도록 되어있다. 그리고 크게 2개 분야로 엔지니어링팀과 서비스팀으로 담당 업무와 역할에 의한 구분을 할 수 있다.

엔지니어링팀은 자산의 건축설비나 물리적인 시설들을 운영하고 관리한다. 직무별로 구분하면, 건축, 기계, 전기, 소방 등으로 구성이 된다. 자산의 크기에 따라 팀으로 구성이 되기도 하고 역할만 구분하여 통합팀으로 운영할 수도 있다.

엔지니어링팀은 건축 설비의 일상적인 운전이나 점검 그리고 외부 업체의 아웃소싱을 통해 관리해야 전문 장비의 유지 보수 업무와 관리 등을 담당한다. 임차인들이나 외부 방문객들의 눈에는 잘 띄지 않는 건물의 물리적 상태를 최적의 컨디션으로 유지하는 역할을 한다.

서비스팀은 임차인에게 쾌적하고 안전한 업무 환경을 제공하는 역할을 한다. 직무별로 구분하면, 미화, 보안, 안내, 조경, 주차 등으로 구성이 된다. 미화, 보안, 안내는 임차인들과 가장 근거리에서 일을 하면서 쾌적하고 안전한 환경 제공을 위해 가장 중요한 역할을 한다. 조경은 리테일이나 대형 복합 자산 등과 같이 조경 면적이 큰 경우에는 팀을 직접 운영하기도 하지만 일반적으로는 아웃소싱 형태가 대부분이다. 마지막으로 주차는 무인 주차 시스템이 보편화되면서 직접 운영하기보다는 전문 주차 외주 업체에 위탁 운영하는 게 일반적이다.

[FM 팀의 조직도 예시]

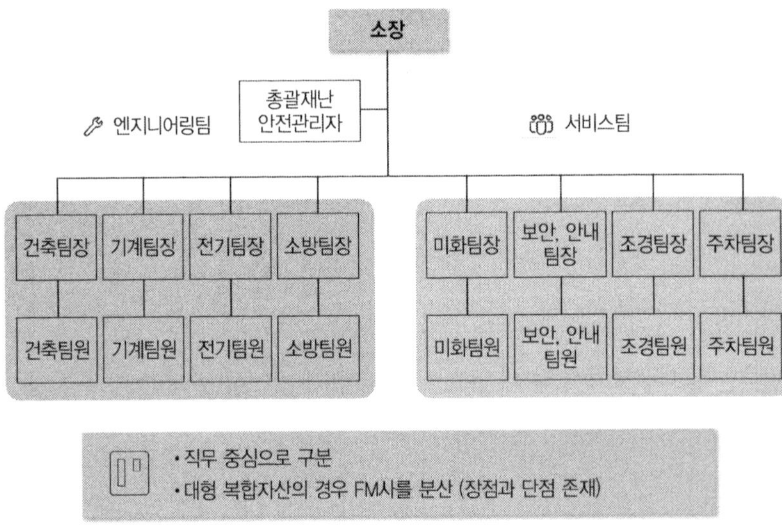

이렇게 시설 운영 인력을 아웃소싱하는 회사를 FM회사라고 부르는데 국내 FM회사 가운데 대형 자산이나 펀드나 리츠가 보유하고 있는 빌딩을 전문적으로 관리할 수 있는 역량을 가진 회사는 많은 편이 아니다. 그리고 각 직종별로 전문 인력을 고용하고 관리해야 하다 보니 한 회사로부터 많은 인력을 공급받는 것도 자산 운영자 입

장에서 리스크가 될 수 있다. 인력들의 이직이 빈번한 직종도 있고 적정한 시기에 인력을 채용하기 위해서는 복수 이상의 회사가 있으면 운영을 하기가 수월하다. 그런 점을 고려하여 대형 복합 프로젝트를 운영할 때에는 FM회사를 분산해서 계약을 하거나 재하도급 형태로 구성을 하기도 한다.

하나의 FM회사로 자산을 운영한다면 의사 전달이 신속하고 계약관리가 간결한 장점이 있다. 반대로 분산을 하는 경우에는 각 회사별 장점을 활용할 수 있고, 회사 간 견제와 균형을 통한 운영이 가능하다. FM회사를 통합으로 운영할 것인가 또는 분산해서 운영할 것인지는 프로젝트의 규모, 성격 그리고 FM회사들의 장단점을 고려하여 결정하는 게 좋다.

법적 필수 인력의 선임

빌딩 운영을 위해서는 법적으로 선임해서 관리사로 채용해야 하는 필수 인력을 확보해야 한다. 이는 자산의 규모나 형태에 따라 법적 선임 인력의 범위도 달라진다. 다음에 있는 관계 법규에 해당되는 자산이면 필요 인력을 의무적으로 채용해야 한다. 따라서 FM회사를 선정할 때에는 운영하는 자산이 어떤 법규 적용을 받는지 검토하고 필수 인력들의 채용이 운영 제안서에 포함되었는지를 반드시 확인해야 한다.

[법정 선임인력과 관계 법규]

선임자 명칭	관계 법규
총괄재난관리자	초고층 재난관리법
소방안전관리자, 관리 보조자	소방시설법
전기안전관리자, 관리원	전기사업법
승강기안전관리자	승강기시설 안전관리법
기계식 주차 장치관리인	주차장법
에너지관리자	에너지 이용합리화법
특정가스 사용 시설 안전관리자	도시가스사업법
고압가스 사용 시설 안전관리자	고압가스안전관리법
위험물 안전관리자	위험물 안전관리법
검사대상기기조종자	에너지 이용합리화법
방사선안전관리자	원자력안전법
무선설비관리자	전파법
안전보건총괄책임자	산업안전보건법
안전관리자	산업안전보건법
보건관리자	산업안전보건법
환경기술인	대기환경보전법
수도시설관리자	수도법
실내공기질 관리자	실내공기질관리법
오수정화조 관리자	하수도법

건축 설비의 이해

부동산 자산관리자는 효율적인 자산 운영을 위해 건축 설비에 대한 기본 지식이 필요하다. 자동차를 운전한다면 엔진, 브레이크, 변속기, 바퀴 등이 어떤 역할을 하는지 알고 있어야 문제가 생겼을 때 고장난 곳을 확인하고 전문가에게 의뢰하여 수리를 하는 것과 마찬가지다. 자산관리자도 빌딩 운영을 하면서 발생하는 다양한 문제를 해결하기 위해서는 건축 설비에 대한 이해가 필수적이다.

건축 설비는 보통 정기적인 점검 등을 전문 업체에 아웃소싱을 맡기고 FM 팀에서는 해당 장비의 운전이나 일상관리를 담당한다. 만약, 건축 설비와 관련하여 각종 수선이나 공사 등이 필요한 경우, 외부 업체를 통해 원인을 파악하고 이를 해결하려면 시간과 비용이 든다. 이때 외부 업체에서 제안한 수선이나 공사 방식 또는 비용에 대한 적정성을 자산관리자가 FM 팀의 지원을 받아 판단할 수 있어야 한다.

[기계실의 각종 건축설비]

특히, 건축 설비와 관련된 장비들의 유지보수 비용이나 이를 운영하기 위해 들어가는 에너지 비용은 빌딩 운영 비용 가운데 많은 부분을 차지한다. 따라서 이를 통제하고 관리할 수 있으려면 건축 설비에

대한 배경지식이 필요하다. 이외에도 운영 예산에 많은 항목들이 건축 설비의 유지 보수와 운영과 관계된 것들이 많기 때문에 관련 배경지식이 있어야 효과적인 예산 편성도 할 수 있다. 결국, 자산관리자는 건축 설비에 대한 이해가 있어야 효율적인 자산의 운영과 관리가 가능하고, 이를 통해 궁극적으로 수익 극대화라는 자산관리의 목적을 달성할 수 있다.

[오피스 빌딩의 건축 설비]

시설	항목	비고
건축	내부, 외부 마감	석재, 철재
	창호, 방수, 도어	커튼월, 유리창
전기	수변전설비, 비상발전설비	발전기, 전기차 충전소
	수송설비	엘리베이터, 에스컬레이터
	전력설비, 동력설비	UPS(uninterruptible power supply)
	옥외 및 경관 조명, 승강설비	각종 조명
기계	열원설비	냉동기, 빙축열 설비, 보일러
	공조설비, 환기설비	공조기
	급배수 설비	각종 배관
	위생설비	저수조, 화장실
소방	소화 및 제연 설비	소화전, 제연댐퍼, 스프링클러
	피난설비	피난계단, 피난안전 구역
	경보 설비	감지기
자동제어 및 관제	설비 자동제어(BAS)	방재실 운전 설비
	조명 자동제어	실내 및 실외 조명
	엘리베이터 자동제어	엘리베이터
	CCTV, BEMS	
	주차관제 시스템	주차장 관리
가스	난방용	보일러
	영업용	조리도구
통신	전화 및 인터넷	중계기
	무선통신 설비	무전기
	비상방송설비	비상 방송
신재생에너지	열병합발전	
	연료전지, 지열설비	
	태양광, 태양열	

PART 03

자산의 운영 준비와 리스크 관리

자산의 운영 준비와 리스크 관리

03

01 임차인 입주와 운영 준비

임차인 입주 절차

부동산 자산의 운영에 있어 가장 중요한 것은 임차인이다. 임차인이 입주하면서 퇴거하기까지 과정인 임차인의 생애 주기를 관리하는 것은 자산관리자의 중요한 업무 중의 하나이다. 그런 생애 주기 가운데 임차인이 입주할 때 다양한 업무들을 처리해야 한다. 무엇보다 입주 시점에 임차인과의 관계를 잘 형성해 놓으면 운영 중은 물론 퇴거 시까지 원활하게 자산관리 업무를 할 수 있다.

임차인 입주 절차와 과정을 살펴보면 임대차계약을 체결하는 과정인 '입주 전 관리', 그리고 업무 공간을 준비하는 과정으로 인테리어 공사를 위한 '공사 관리', 이후에 임차인이 들어오고 나면 '입주 운영'의 순서대로 진행된다. 이런 과정을 역할별로 나누면 '임대팀 →

공사 관리팀 → 운영팀'의 과정으로 요약할 수 있다.

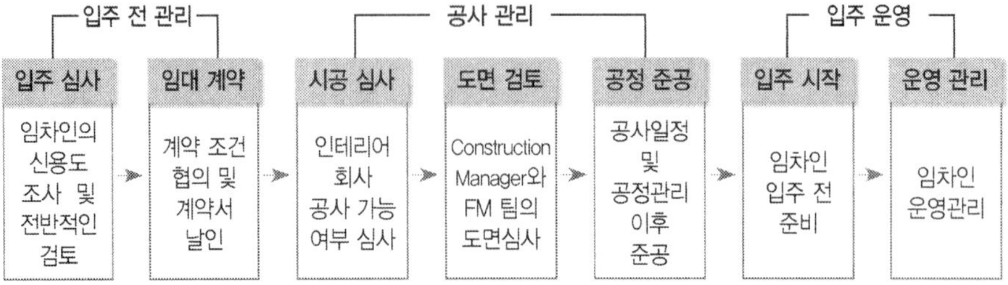

임차인 입주 전 준비 업무

자산관리자는 임차인이 입주하기 전에 공통적으로 준비해야 하는 것들이 있다. 자산을 효과적으로 운영하기 위해 필요한 것들로, 아래 6가지로 요약할 수 있다.

① 임차인 운영 관련 정보 확보

② 입주 준비 사전 미팅 및 빌딩 서비스 안내

③ 실내 환경 개선

④ 임차인의 구성과 층별 사용 인원 확인

⑤ 재무 관련 업무 협조 및 준비

⑥ 임차인 보증금 납입 시 권리 설정

임차인 입주 전 준비 업무의 핵심은 자산 운영을 위한 정보 획득과 신속한 업무 안정화를 위한 대비를 하는 것이다. 특히, 임차인과의 미팅을 통해 운영 시 필요한 다양한 정보를 미리 확보하는 게 좋다.

자산 운영을 효과적으로 할 수 있는 사전 준비를 하는 것이다.

또, 입주하면서 새롭게 인테리어를 해서 발생할 수 있는 실내 환경에 대한 민원에 대비하여 실내 온도를 높이고 난 후 배기를 하는 Bake-out이나 환기 등을 공사가 완료된 뒤에 실시해서 입주 후에 업무 환경이 쾌적할 수 있도록 운영팀에서 협조를 해주면 좋다.

1. 임차인 운영 관련 정보 확보
- 업무 담당자 연락처 확보
- 임직원 현황(출입 관련 정보 활용)

2. 사전 미팅 및 빌딩 서비스 안내
- 사무실 이전 준비 중 사전 미팅 : 임차인의 필요사항 청취
- 음식점, 편의시설 등에 관한 정보 제공
- Tenant Handbook 제공

3. 실내 환경 개선
- 인테리어로 인한 새집증후군 (새로운 가구, 도장에서 유해물질 배출)
- 실내환경문제가 입주 후 대부분의 민원
- Bake-out 진행 및 가구 친환경제품처리

4. 임차인의 구성과 층별 사용인원
- 사용 인원 및 임차인 특성 사전 파악
- 도면의 좌석수나 레이아웃 확인

5. 재무 관련 업무 협조 및 준비
- 세금계산서 발행 정보 (사업자등록증)
- 담당자 연락처
- 세금계산서 발행 및 입금 통장 정보 제공
- 관계자들 업무협조 요청 및 정보 공유

6. 권리 설정
- 보증금 잔금 납부 확인
- 근저당권 및 임차권 등 권리 설정
- 등기부등본 및 건축물대장 등 정보 확인

자산관리자는 새로운 임차인을 맞이하면서 임차인에 대한 다양한 정보를 습득하기도 하지만, 반대로 임차인에게 빌딩을 사용하는 법에 대해 알려줘야 하는 것들도 있다. 아무래도 임차인에게는 새로운 빌딩이 낯설고 어색할 것이기 때문이다. 또한 주변 환경에 적응하는 시간도 필요하고 각종 편의 시설 등에 대한 정보도 부족할 것이다.

따라서 임차인들에게 빌딩 운영 및 생활 정보를 제공하고 빌딩을 편리하게 사용할 수 있도록 임차인 안내 책자(Tenant Handbook)를 준

비하는 것도 좋다. 자산관리자는 매번 새로운 임차인이 들어올 때마다 빌딩에 관해 비슷한 설명을 해야 하기도 하고, 이미 설명했던 것들을 임차인들이 다시 질문하기도 한다. 그럴 때 Tenant Handbook을 제공하면 효과적으로 대응할 수 있다. 임차인들이 필요한 정보들을 Tenant Handbook에서 찾아보면 궁금함을 어느 정도 해소할 수 있기 때문이다.

Tenant Handbook을 임차인의 담당자에게만 제공하는 것이 아니라 PDF나 파일 형태로 만들어 빌딩을 사용하는 사람들에게 제공하면 자산관리자뿐만 아니라 임차인의 담당자도 비슷한 설명이나 반복적인 업무를 줄일 수가 있다.

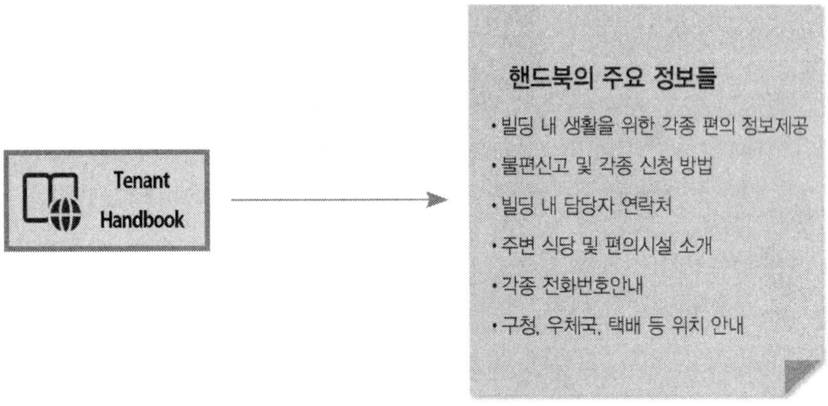

자산관리자의 반복적인 업무를 감소시켜줌

임차인 입주 시 필요정보

자산관리자는 임차인이 입주하면 필수적으로 확보해야 하는 정보가 있다. 가장 필수적인 것은 임차인과의 업무를 하기 위해 필요한 기본적인 데이터를 정리하는 것이다. 자산관리자가 운영 업무를 하기 위해서는 임차인의 사업자등록증, 임차인의 직원 정보, 업무 처리를 하기 위한 담당자 정보 등이 필요하다.

이런 정보는 대개 임대차계약 협의를 할 때 어느 정도 확인할 수 있다. 따라서 임대 담당자로부터 기본적인 정보를 확보한 뒤에 부족한 것들을 임차인에게 확인하거나 요청하는 방식으로 업무 처리를 하는 것도 효과적이다. 그리고 이런 정보들 중에는 자산관리 업무를 위해 함께 일하는 다른 팀들도 공통적으로 필요로 하는 것들이 있다.

예를 들어, 재무팀이 따로 구분되어 있어 임대료 및 관리비 청구를 하기 위한 정보가 필요하다면 자산관리자를 통해 해당 자료를 받는다면 불필요하게 중복된 요청을 하지 않고 효과적으로 업무 처리를 할 수 있다. 따라서 자산관리자는 자산운영과 관련된 담당자들의 중심에서 허브와 같은 역할을 하고 있다는 점을 알고 효율적인 운영을 위해 어떻게 정보를 관리하고 제공해야 할지 고민해야 한다.

다음으로 운영을 위해서는 업무와 관련된 다양한 관계자들의 연락망을 구축해야 한다. 기본적으로 임차인과 관계자들의 연락망이 필요하다. 자산의 소유자와 FM회사 담당자들은 물론 외부 아웃소싱 업체, 비상 상황 발생 시 연락이 필요한 관공서 등 다양한 업무 관계자들과 효율적으로 연락을 할 수 있는 체계를 만들고 연락처 정보들을 정리해야 한다. 이런 정보들은 수시로 변경되기 때문에 최신의 정보를 주기적으로 업데이트해야 한다.

긴급 상황 발생 시 또는 휴일이나 야간 등 일반 근무시간이 아닐 때 어떤 위계 체계로 연락을 하고 누구에게 알려야 하는지 평상시에 숙지를 하고 주기적으로 점검을 해 놓을 필요가 있다. 이런 연락망 체계가 제대로 구축되어 있으면 평상시보다는 비상시에 더 효과적으로 활용할 수 있다.

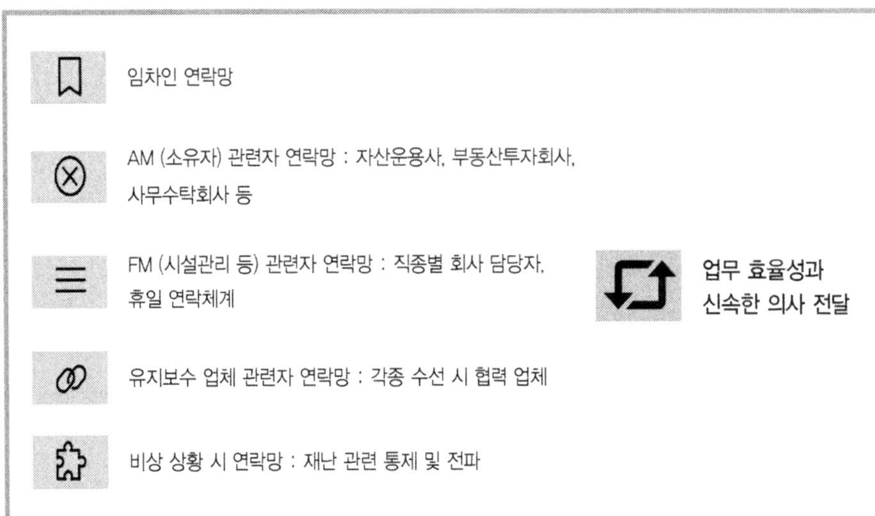

특히, 임차인 연락망 가운데 실무자나 관계자의 연락처는 항상 업데이트가 되어 있어야 한다. 임차인이 많은 빌딩의 경우에는 직접 만나는 일보다 이메일이나 유선 통화로 업무를 처리하는 일이 빈번하다. 게다가 회사의 담당자가 변경되는 경우도 있기 때문에 최신의 연락처를 확보해야 중요한 통지를 누락하지 않고 업무를 효과적으로 처리할 수 있다.

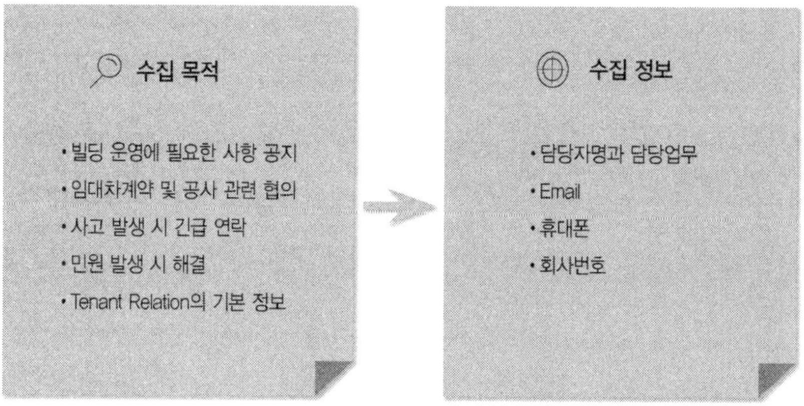

* 개인정보 수집에 대한 동의 필요

02 임차인 입주 공사 준비와 관리

임차인 인테리어 공사의 준비

임차인은 입주 준비를 하기 위해서 인테리어 공사를 한다. 대개 새로운 곳으로 입주를 하면 근무 공간을 재배치하고 최적의 근무환경을 만들기 위해서 시간과 돈을 들여 내부 공간을 꾸민다. 정해진 일정 안에 그리고 빌딩이라는 협소한 공간 내에서 많은 작업들이 동시에 진행되기 때문에 인테리어 공사는 사전 준비가 중요하다.

[오피스 임대 공간 공사 전]

자산관리자는 인테리어 공사가 진행되면 신경 써야 하는 일이 더 많아진다. 특히, 빌딩이 운영되고 있는 가운데 공사가 진행되다 보니 사고와 민원의 발생 가능성이 높다. 인테리어 공사는 건물을 잘 알고 있지 못하는 외부 업체가 들어와서 단기간에 많은 공정을 처리해야 하다 보니 관리 감독을 하는 데에도 여러 가지 애로사항이 생길 수밖에 없다.

그렇기 때문에 인테리어 공사의 원활한 진행을 위해서 빌딩에서 정한 공사 관련 기준과 원칙이 있어야 한다. 그리고 공사를 진행할 때 관련 내용을 참고하는 것이 외주 업체들에게도 시간을 단축할 수 있어 도움이 된다. 따라서 인테리어 공사의 기준과 원칙을 문서로 정리를 해놓고 업무에 활용하면 편리하다.

이렇게 인테리어 공사를 위해 필요한 내용을 문서로 정리한 것이 인테리어 공사 가이드라인이다. 빌딩의 특성과 운영 방식 등을 고려하여 인테리어 업체가 인테리어 공사 가이드라인에 따라 공사를 한다면 공정을 단축시킬 수 있고 공사 중에는 효율적인 관리가 가능해진다.

인테리어 공사 가이드라인에는 공사 방법이나 공사 가능 시간, 또는 사용해야 하는 자재 등을 명시해 주고 이에 따라 공사를 할 수 있도록 각종 신청서나 담당자 연락처 등도 포함하여 인테리어 공사를 진행하는 업체도 효율적인 업무를 할 수 있게 도움을 준다. 결국 인테리어 공사 가이드라인에 따라 업무를 처리하면 임차인에게 주는 불편함을 최소화하고 안전하게 인테리어 공사를 마무리하는 데 도움이 된다.

인테리어 공사 가이드라인의 주요 내용

빌딩에 따라 다르겠지만 기본적으로 인테리어 공사 가이드라인의 내용 구성은 다음과 같은 내용을 포함한다. 인테리어 공사 가이드라인의 내용은 빌딩의 상황이나 운영 기준에 따라 다소 다를 수는 있지만 빌딩에서 일어나는 공사를 효과적으로 진행할 수 있는데 필요한 정보를 제공할 수 있도록 작성하면 된다.

① 빌딩 소개 및 담당자 연락처
② 착공 준비 및 공사 진행 절차
③ 각 건축 설비 및 공정별 공사 기준
④ 건물 운영 규정에 따른 공사 방법
⑤ 준공 검사 및 하자 처리
별첨) 각종 신청서 양식 – 화물 엘리베이터 및 주차장 사용 등

인테리어 도면 검토의 필요성

자산관리자는 임차인이 인테리어 공사를 진행하기 전에 시공 업체가 준비한 도면을 사전에 면밀하게 검토를 해야 한다. 도면의 검토를 통해 시공 전에 빌딩의 인테리어 공사 가이드라인에 맞게 설계가 되었는지 살펴보는 것이다. 그리고 검토한 내용을 바탕으로 적절한 피드백을 공사 업체에 전달해야 한다. 왜냐하면, 자산관리자는 빌딩에 대해 누구보다 잘 알고 있고, 기존에 다른 임차인들이 인테리어 공사를 하면서 발생했던 문제나 실수들을 예방할 수 있는 방법도 제

시해 줄 수 있다. 따라서 처음 시공을 하는 인테리어 회사가 설계한 도면에 대해 적절한 검토와 조언을 해준다면 효율적으로 공사를 진행할 수 있다.

이렇게 미리 도면 검토를 하고 피드백을 제공하면 잘못될 수 있는 공사나 공정을 사전에 예방하는 효과가 있다. 또한, 시공 하자를 미연에 방지하여 비용을 절감할 수 있기 때문에 시간을 들여 꼼꼼하게 살펴봐야 하는 중요한 업무이다. 이런 과정을 통해, 효과적인 공정 계획을 수립할 수 있고 더불어 사고 예방을 하는 효과까지 있다.

도면 검토는 궁극적으로 임차인이 공간을 효율적으로 사용할 수 있게 하고 쾌적한 근무 환경을 제공하는 데 도움을 줄 수 있다. 이는 임차인의 편의 증대를 위한 사전 검토 작업이라고 볼 수 있다. 다만, 자산관리자는 이런 건축설비나 시공 도면 등에 대한 지식이 다소 부족할 수 있다. 그런 경우에는 FM 팀의 지원을 받고 자산관리자는 운영 관점에서 중요하거나 문제가 될 만한 것에 주안점을 두고 살펴보면 상호 보안해서 도면 검토를 효과적으로 할 수 있다.

인테리어 공정별 주요 검토 사항

인테리어 공사를 하기 전에 이를 진행할 공사 업체에서는 각 공정별 도면을 제출한다. 이때 자산관리자는 각 공정별로 공사 과정이나 운영 중에 발생할 수 있는 문제점이나 임차인이 불편을 겪을 만한 것들이 없는지 살펴봐야 한다. 자산관리자는 새로운 임차인이 들어오면서 발생했던 문제점들이나 개선이 필요한 사항들에 대한 경험이 많기 때문에 도면 검토를 하거나 사전 미팅 시에 다양한 문제점들을 발견해 낼 수 있다.

[오피스 빌딩 천장 내부의 각종 배관들]

자산관리자는 인테리어 도면 검토 시에 건축, 전기, 기계, 소방 4가지 측면에서 다음과 같은 내용들을 중점적으로 살펴보아야 한다.

건축 도면의 주요 검토 사항

- 임대면적 및 위치 확인
- 출입문 위치 및 규격
- 임차인 간 경계벽의 차음 및 방음
- 바닥 마감재
- 금고, 서버룸, 문서고 등 하중이 있는 경우 구조 검토서 제출
- 천장, 바닥, 벽면 등 보수를 위한 점검구의 설치
- 서버룸, 전산 장비실 등 천장의 방수 마감
- 임차인 간판 및 명판

전기 도면의 주요 검토 사항

- 각종 배선 보수를 위한 점검구 설치
- 각종 전기 배관 신설 시 기존 배관과 구분 표시(색상 구분 또는 라벨링)
- 기본 전력을 초과하는 장비 설치 시 용량 검토(부하 계산서 및 도면) 분전반 내 전등 및 전열 도면, 각종 배선의 라벨링
- 별도 장비의 플러그인, 분전반, 계량기 설치, 선기 사용 선 심사 필증 제출
- 조명, 출입보안, 화재 시스템 및 원격 검침 등 빌딩의 BMS(Building Management System)와 연결 필요 여부 확인

기계 도면의 주요 검토 사항

- 서버룸 관련 냉방 장비(냉수 타입, 공랭식 등)
- 순간 정전, 냉수 공급 중단 시 경보 발생 및 안전장치 설치
- 회의실, 임원실 등 추가 FCU(Fain Coil Unit) 설치, CRAC(Computer Room Air Conditioner) 항온항습기 설치
- 급수배관 압력테스트, 누수감지 테스트, 판넬 작동 테스트
- 누수 감지 시스템 및 Drain Pan 설치(주방, 서버룸 등)
- 냉난방 장비 소음 및 진동 방지 시스템 설치, 보온재의 적절한 시공
- 공간 분할 파티션 설치 시 냉난방 적정성 여부 검토(TAB : Test, Adjust, Balancing 테스트)

소방 도면의 주요 검토 사항

- 방화벽 관통 배관 및 전선 등이 통과하는 벽면 또는 바닥면 방화 실란트 마감
- 스프링클러 수압 및 공기압 테스트
- 후렉시블과 보온재 마감 상태
- 감지기 적정 수량과 스프링클러 반경
- 추가 감지기 설치 시 방재실 수신반 연동 테스트 실시
- 칸막이 설치 시 비상 방송 스피커 설치 및 소화기 비치
- 화재 신호 시 시건장치가 해제되도록 소방 시설과 연동
- 방염처리 대상 물품 확인(벽지, 가구 등)
- 방화 구획의 변경 여부

인테리어 공사 일정 및 공정 관리

자산관리자는 인테리어 공사가 진행되기 전에 공사에 대한 예상 일정표를 검토한다. 이때 중요한 것은 빌딩의 운영 시간이나 상황에 따라 공사가 가능한 시간이 정해져 있다는 것을 사전에 공사업체에 알려주고 그에 맞는 일정을 수립하게 하는 것이다.

일반적으로 운영 중인 빌딩에서는 임차인이 업무를 하는 시간에는 공사를 할 수 없는 경우가 대부분이다. 따라서 야간이나 주말 공사만 가능한 상황을 가정하고 공정 계획을 수립해야 한다. 예외로, 주요 공정이 끝나고 소음이나 분진이 없는 작업에 한해서 주간에도 공사를 진행할 수 있게 허용해 주는 게 일반적이다.

인테리어 회사는 특성상 인건비가 많이 들어가고 하도급 업체와의 계약 관계 등으로 인해 공정을 최대한 줄여야 비용을 절감할 수 있기 때문에 공사 일정을 조금이라도 더 줄이려고 한다. 물론 자산관리자도 빌딩 내에서 진행되는 공사 기간을 단축하는 게 임차인의 민원이나 운영상 부담을 덜 수 있기는 하지만 무리한 공사 일정은 추후 하자가 발생하여 운영 과정에서 임차인의 민원으로 이어질 가능성이 있다. 따라서 자산관리자는 인테리어 공사업체에게 공사 일정에 대한 적절한 조언을 해주고 상황에 맞게 일정 조율을 해줄 필요가 있다.

공사 일정이 확정된 이후에 공사가 시작되면 FM 팀에서는 일정표에 맞게 작업이 진행되는지 공정관리를 해야 한다. 무엇보다도 공사 진행 중에 발생할 수 있는 화재나 각종 사고에 대비한 각별한 주의가 필요하다. 화재 예방을 위해 소화기, 불꽃 방지 커버 등이 적정하게 비치되어 있는지 확인하고 용접이나 스프링클러 이설을 위해 퇴수를 했을 때에는 안선관리자의 감독하에 공사가 안전하게 진행되도록 관리해야 한다.

또, 빌딩의 시설물 보호나 관리에도 신경을 써야 한다. 자재의 운반이나 보관 등을 하다 공용 시설이 파손되는 경우가 많고 무리한 적재로 인해 엘리베이터에 손상을 가할 수 있다. 따라서 인테리어 공사를 진행하기 전에 주요 이동 동선에 보양재를 잘 설치하도록 하고 주기적으로 점검하여 필요에 따라 보완할 수 있도록 해야 한다.

무엇보다 실내 공사를 하다 보면 냄새, 소음, 진동, 분진 등이 발생하여 다른 임차인들에게 불편을 초래할 수 있다. 이런 공정은 사전에 주말이나 야간에만 할 수 있게 하고 자산관리자는 업무 외 시간이라도 공사 이후에 환기나 배기를 해서 임차인이 근무하는 시간에는 불편함이 없도록 관리해야 한다.

준공 검사와 하자처리

인테리어 공사가 완료되면 임차인이 입주하기 전에 준공 검사를 실시한다. 준공 검사 시에는 인테리어 도면 검토를 했을 때 중점적으로 살펴봤던 부분들이 제대로 반영되었는지 확인하는 게 가장 기본이다. 그리고 제출한 도면대로 시공했는지를 현장 검수를 통해 육안으로 확인해야 한다.

다음으로 임차인의 특성에 따라 추가적으로 설치했거나 일반적인 기준에서 벗어난 것들 가운데 빌딩 운영이나 임차인이 사용하는데 문제가 생길 수 있는 것들 위주로 살펴봐야 한다. 또, 필요에 따라서는 테스트를 통해 빌딩의 운영 장비나 시스템들과 연동이 잘 되는지 점검해야 한다.

준공 검사 및 테스트 항목

- 건축 : 외부 마감 점검 및 공용 공간 파손 유무
- 설비 : TAB(Test, Adjusting, Balancing) 보고서, 누수 검사, 냉수 유량 테스트, 담수 테스트
- 전기 : 절연 테스트
- 소방 : 감지기 알람 테스트, 화재신호 연동 테스트

자산관리자는 준공 검사를 하면서 하자에 대해서도 필수적으로 점검하고 인테리어 공사기간 내에 보완이 될 수 있도록 업체를 독려해야 한다. 왜냐하면 인테리어 공사가 완료된 이후에 발견된 하자는 이를 처리를 하는 데 어려움을 겪을 수 있기 때문이다. 실무자나 작업자들이 다른 현장으로 이동하고 하자 처리 담당자만 남는 경우가 많다. 보통 하자 처리 담당자가 여러 현장을 담당하는 경우가 많아 업무 처리 시간이 오래 걸리기도 하고 근본적인 하자 처리보다는 미봉책으로 마무리하는 일도 있다 보니 자산 운영 중에 문제가 발생하기도 한다.

임차인이 발주한 인테리어 공사로 인한 하자가 제대로 처리되지 않아 발생하는 문제가 건물 운영에 대한 민원으로 전가되는 경우가 빈번하기 때문에 하자는 제때 처리될 수 있도록 하는 게 좋다. 또, 천장이나 바닥처럼 인테리어 마감이 되고 난 이후에는 눈에 보이지 않는 곳의 하자를 발견하기가 어렵기 때문에 공징 진행 과정 가운데 마감재 치리를 하기 전에 배관이나 전선 등의 하자가 있는지 확인할 필요가 있다.

인테리어 공사 관련 민원 및 주의 사항

자산관리자는 인테리어 공사가 제대로 이뤄지지 않아서 발생하는 민원들의 종류에 대해 그 원인과 해결책을 알고 있어야 한다. 주로 발생하는 민원들이 어떤 것들인지 살펴보고 공사 진행 시 예방할 수 있는 방안이 있다면 공사 업체나 담당자에게 조언을 해줄 수 있어야 한다.

(1) 입주 일정 미준수

임차인은 신규 사업자를 제외하고는 보통 다른 빌딩에서 이전을 하는 경우가 많다. 현재 있는 빌딩에서 퇴거를 하고 새로운 곳으로 입주를 해야 하기 때문에 일정을 맞추는 게 중요하다. 만약 예상 일정이 틀어지면 무리하게 입주를 해야 하거나 계약에 따라 추가 비용이 발생할 수 있다. 그러다 보니 많은 하자가 공사 일정을 급하게 맞추려다 발생하기 때문에 입주 일정에 따른 공정 관리가 매우 중요하다.

해결책 준공 일정 미준수로 인해 자산관리자가 임차인으로부터 민원을 받을 가능성도 있다. 인테리어 공사 업체는 공사 일정을 맞추기 위해 더 많은 인원을 투입하고 공사 시간에도 제한을 받게 되면 이는 비용 증가로 이어지고 임차인도 예상했던 예산을 초과하면서 문제가 될 수 있다. 따라서 공사 진행과 관련하여 임차인의 담당자에게 사전에 빌딩에 대한 공사 규정과 고려사항들을 사전에 충분히 설명해야 일정을 지키지 못해 발생하는 문제를 사전에 예방할 수 있다.

(2) 냉난방문제

임차인이 근무를 하면서 가장 민감하게 받아들이는 것이 실내 온도이다. 우리나라는 사계절이 있어 계절변화에 맞춰 적정한 온도로 관리를 하는 게 쉽지 않다. 그리고 부적합한 레이아웃으로 인해 한곳에 많은 인원을 집중하여 배치하거나 풍량이나 공기의 순환을 고려하지 않고 과다하게 파티션을 많이 설치하면서 냉난방에 문제가 빈번하게 발생한다. 그리고, 냉난방 설비는 고려하지 않고 조망을 위해 빌딩의 각진 곳에 대표나 임원들의 자리를 설치하거나 사람이 많이 모이는 회의실에 충분한 냉난방이 공급되지 않아 민원으로 이어지기도 한다.

해결책 이런 원인으로 발생한 냉난방 민원은 인테리어 설계 시에 빌딩의 환경을 고려하여 사전에 냉난방 설비를 설치하지 않으면 운영 중에 이를 해결하기가 쉽지 않다. 따라서 급기나 배기 등의 풍량을 고려하여 파티션을 배치를 하고, 회의실처럼 밀집된 공간에 냉난방이 부족할 것 같으면 추가 장비를 설치해야 한다. 또, 채광이나 시야가 탁 트인 공간은 여름이나 겨울에 외부 환경으로부터 영향을 많이 받아 온도 조절이 쉽지 않다. 따라서 이런 점들도 고려하여 자리를 배치해야 한다. 또, 설계도면 상 풍량이 부족할 수 있는 급기 부분의 말단 같은 곳을 살펴보고 레이아웃에 반영해야 추후 온도와 관련한 민원을 줄일 수 있다.

(3) 실내 공기 환경

인테리어 공사를 마치고 나면 깨끗하고 잘 정돈된 근무 환경에서 직원들이 일을 할 수 있다. 하지만 새로 설치된 가구나 카펫에서 배출되는 유해 물질이나 냄새로 인한 민원이 발생할 가능성이 매우 높다. 새로 건축한 아파트나 주택의 새집증후군처럼 인테리어를 새롭게 한 업무 공간에서도 비슷한 문제가 발생한다.

해결책 새로운 제품에서 뿜어져 나오는 냄새로 인한 문제는 시간이 지나면 자연스럽게 해결된다. 하지만 임차인의 입주 일정이 정해져 있고 시간이 촉박한 경우에 이를 단축시킬 수 있도록 도움을 줄 필요가 있다. 기본적으로 여유 있는 공사 일정을 가지고 작업을 하고 입주 전에 새 가구의 서랍이나 캐비넷 등을 개방하여 냄새가 배출될 수 있도록 하는 게 좋다. 또, 새집증후군을 없애고 유해 물질을 제거해 주는 친환경 처리 업체에 의뢰하여 입주 준비를 하는 것도 도움이 될 수 있다. 이와 함께, 빌딩 운영팀에서도 입주 전에는 건물의 공조기를 가동하여 배기를 원활하게 해주거나 실내 온도를 높였다가 배기를 해주면서 유해 물질들이 빠져나올 수 있도록 하는 Bake-out을 해줘서 실내 공기로 인한 민원을 사전에 차단하려는 노력을 해야 한다.

(4) 임차인 사이의 방음

빌딩의 한 층을 여러 임차인이 분할하여 사용하는 경우에는 임차인 간에 경계벽을 설치하게 되는데 이때 적절한 차음이나 방음 공사가 되지 않으면 이로 인해 민원이 발생하기도 한다. 통상 빌딩에서 공간 구획을 하기 위해 설치해 놓은 파티션은 임대 면적을 구분하는 수준이기 때문에 인테리어 공사 시에 이를 보강해야 한다.

해결책 임차인 간의 방음 문제를 해결하기 위해서는 파티션 면에 차음을 하는 것은 물론 벽면에 설치된 컨백터나 OA FLOOR 아래의 공간과 천장 위쪽의 빈 공간에도 차음이 될 수 있도록 마감을 해서 소리의 전달을 차단할 수 있다. 이렇게 차음이나 방음 작업을 하더라도 완벽한 차단을 하는 것은 어렵다. 따라서 대표나 임원 공간 그리고 회의실 등은 다른 임차인 공간의 경계와 맞닿지 않도록 레이아웃을 설계할 때 반영하는 게 더 효과적이다.

[OA FLOOR의 하부 사진]

(5) 화장실 관련 민원

빌딩은 설계를 할 때부터 한 층에 정해진 적정 인원이 사용하도록 계획이 된다. 그 가운데 화장실도 이런 점을 고려하여 설치한다. 따라서 적정 수 이상의 인원이 입주하면 화장실 관련 민원과 불편은 사용하는 동안 계속 발생할 수밖에 없다.

해결책 임대차계약을 할 때 사전에 임차인의 예상 상주 인원에 대한 정보를 받아 보고 이를 통해 화장실 사용량이 적정한지 살펴봐야 한다. 만약 적정 인원을 초과한다면 임대 면적을 늘려 추가로 다른 층을 사용하게 하거나 입주 인원을 제한하는 조치를 취해야 한다. 만약, 그런 제안을 받아들이기 어렵다고 하면 화장실을 추가 증설하도록 하는 게 좋다. 다만 화장실은 입주하고 나서 추가로 증설하기도 쉽지 않고 기존 설계에 따라 추가 증설이 불가능한 경우도 있다. 따라서 임차인과의 임대차계약 협의 시에 이런 부분을 사전에 확인하고 협의를 완료해야 화장실과 관련한 문제를 없앨 수 있다.

인테리어 공사 시 주의해야 할 임차인

오피스 빌딩의 임차인 가운데에는 사무실에서 일하는 사람들을 위한 편의시설을 운영하기 위해 입주하는 임차인들이 있다. 그런 임차인 가운데 인테리어 공사 시에 특별한 주의와 관심을 가져야 하는 곳들이 있다.

예를 들면, 건강검진센터, 병원, 음식점, 체육시설 등이 그런 임차인에 속한다. 건강검진센터나 병원은 의료 장비를 설치해야 하기 때문에 장비 반입 시에 주의를 기울여야 하고 하중이나 출입 인원의 동선 구분 등 운영 중에 발생할 수 있는 문제에 대해 사전에 면밀하게 살펴야 한다. 그리고 의료 폐기물의 처리, 오염 물질 배출, 냄새 등으로 인해 민원이나 감염병 등의 문제도 발생할 수 있어 위생이나 방역에 대한 부분도 고려해야 한다.

다음으로 음식점은 조리를 위해 화기를 사용하기 때문에 화재로 인한 문제가 일어날 가능성이 있다. 특히, 기름으로 조리를 많이 하는 음식점에서는 배기를 위해 설치한 덕트 안에 기름때가 누적되어 화재가 발생하는 일이 많아 공사 시에 이런 설비들이 잘 갖춰져 있는지 살피고 운영 중에는 반드시 정기적으로 점검을 해야 한다. 또, 조리 시 발생하는 연기나 열로 인해 화재경보기가 오작동하는 경우도 있어 이를 고려하여 조리 장비나 주방의 위치를 선정해야 한다.

사무공간에서 일하는 임차인들이 휴게시간을 활용하여 운동을 할 수 있는 체육 시설이 입주하면 빌딩의 편의성을 높여준다. 이런 시설들은 물을 사용하는 샤워시설이나 사우나가 있기 때문에 급탕을 위한 설비인 보일러나 전기온수기 설치 등도 검토해야 한다. 또, 이렇게 물을 사용하는 시설이 있는 경우 누수로 인한 문제가 생기지 않도록 시공 중에 철저하게 관리를 하고 준공 시에는 담수 테스트를 하고 누수가 발생할 경우 알람을 보내주는 누수 경보기 등을 설치하게 해야 한다. 또, 큰 음악 소리나 운동 기구에서 발생하는 진동 등으로 인해 민원이 발생할 수 있기 때문에 방진이나 방음 설비들이 인테리어 공사 시에 반영될 수 있도록 해야 한다.

건강검진센터나 병원

- 의료 장비 설치
- 의료 폐기물 처리
- 보안 및 출입 관리

음식점

- 화기를 사용하는 곳
- 창고 / 배출물 관리

체육시설

- 물의 사용 (급탕 및 누수 등)
- 진동의 관리

위에서 살펴본 임차인들의 공통점은 오피스 빌딩 설계 시 고려한 가용 능력에 맞지 않는 장비들이 설치되고 많은 인원이 동시에 몰리거나 기본적인 설계와는 다른 용도로 사용을 하는 것이기 때문에 입주를 위해 보완해야 할 요소들이 많을 수밖에 없다. 따라서 이에 대비하기 위해서는 입주 준비 과정에서 예상 가능한 문제를 임차인에게 사전에 설명을 하고, 추가 장비 설치나 보완 작업 등을 권장하는 게 좋다.

03 자산관리를 위한 운영 규정과 매뉴얼

빌딩 운영 규정의 필요성과 구성 내용

자산관리자는 효율적인 빌딩 운영을 위해서 공간의 사용자인 임차인들이 지켜야 할 내용을 정리한 운영 규정이 필요하다. 다양한 임차인들과 함께 공간을 사용하기 때문에 기본적으로 지켜야 할 원칙들과 편리한 공간 사용을 위한 제반 사항들을 정리한 빌딩 운영 규정을 준비해야 한다.

빌딩 운영 규정에는 오피스 빌딩 운영 시간, 외부인 출입 방법, 금지 사항 등에 대한 내용이 포함된다. 이외에 임차인들이 빌딩을 사용하면서 궁금해 할 만한 사항들이나 각종 신청 방법들에 대한 내용을 포함하면 빌딩 운영을 원활하게 할 수 있다.

그리고 빌딩 운영 규정에는 임대차계약서에 전부 기술하지 못한 운영 관련 세부 내용들을 포함할 수도 있다. 예를 들어, 실비 관리비 부과에 대한 항목 등을 작성하고 부과 기준의 변경 등 시기에 따라 바뀌는 내용을 빌딩 운영 규정에 포함하여 임차인들에게 배포하는 것이다. 보통, 임대차계약 체결 시에 빌딩 운영 규정을 부속서류로 함께 날인을 하고, 빌딩 운영 규정이 임대차계약서를 보완한다는 내용을 추가하면 운영 규정을 빌딩의 운영 상황에 맞춰 필요에 따라 변경할 수 있어 편리하다.

빌딩 운영 규정의 목차

- 운영 규정 작성의 목적과 목차 구성
- 빌딩 운영 및 입출입 관련
- 빌딩에서 제공되는 기본 서비스
- 입주 중 임차인의 공사 및 장비 설치 등 공사 진행 시 유의사항
- 추가 관리비에 대한 세부 내용
- 보험 및 재난 대비
- 별첨) 각종 신청서 양식

운영을 위해 필요한 기타 매뉴얼

편리한 임차인의 업무 환경과 빌딩 관리를 위해서는 빌딩 운영 규정만으로도 충분할 수 있지만, 대형 빌딩이나 외국계 임차인이 입주하고 있는 자산의 경우에는 추가로 더 필요한 매뉴얼들이 있다. 그런 것들 중 하나가 임차인 비상 대응 매뉴얼이다.

비상 대응 매뉴얼은 각종 사고 발생 시에 필요한 대응 요령에 관한 내용들로 구성되어 있다. 부동산 개발 프로젝트들이 점점 복합화되고 규모도 대형화되면서 많은 사람들이 모여 있는 빌딩에서 발생하는 문제는 자칫 대형 사고가 될 수 있다. 따라서 이런 비상 대응 매뉴얼에 대한 필요성과 관심이 더 커지고 있다.

특히, 외국계 회사들은 임차가 가능한 빌딩에 대한 글로벌 스탠다드가 있어 기본적으로 이런 비상 대응 매뉴얼이 있는 빌딩에 입주를 해야 하는 경우도 있다. 만약 그런 매뉴얼이 없다면 그에 상응하는

문서를 요구하기도 한다.

국내에서도 재난 안전에 대한 중요성이 커지고 있다. 고층 빌딩 같은 경우에는 재난안전관리자를 선임하도록 하고 있고, 도심의 대형 빌딩들은 소방서나 자치단체 등과 정기적인 훈련을 진행하여 실제 빌딩 사용자들이 재난 상황이 발생했을 때 당황하지 않고 잘 대처할 수 있게 준비를 하고 있다.

비상 대응매뉴얼의 목차

- 화재 및 각종 안전사고 시 대응
- 누전 및 침수, 누수 시 대응
- 사건 및 데리 발생 시 대응
- 시위 발생 시 대응
- 미아 발생 시 대응

그 밖에 빌딩을 운영하기 위해 부수적으로 필요한 규정과 매뉴얼들이 몇 가지 더 있다. 모든 빌딩에는 주차장이 있고, 이를 운영하기 위한 주차장 운영 규정이 필요하다. 그리고 단일 소유자가 아닌 여러 사람이 소유하는 구분건물인 경우에는 법에 따라 집합건물의 관리단 규약도 필요하다.

[주차장의 전기차 충전소]

이 밖에 임차인이 입주할 때 필요한 인테리어 가이드라인과 유사하게 임차인이 퇴거를 할 때 원상복구공사를 점검할 수 있는 원상복구 가이드라인이 준비되어 있으면 업무의 효율성을 높일 수 있다.

그리고 빌딩의 시설물 관리를 담당하는 FM 팀은 직무별로 전문적인 업무를 한다. 또, 빌딩의 특성에 따라 장비나 운영 시스템, 사용제품 등이 다소 다르기 때문에 새로운 직원이 왔을 때 직무 교육이 필요하다. 이럴 때 직무별 업무 매뉴얼이 갖추어져 있으면 직원 교육에 효과적으로 활용할 수 있다.

기타 빌딩 운영 관련 규정 및 매뉴얼

- 주차장 운영 규정
- 집합건물의 관리단 규약 등
- 원상복구 가이드라인
- FM 팀들의 각 직무별 업무 매뉴얼

04 임차인 리스크 관리와 예방법

임차인 리스크의 종류

빌딩을 운영하는 데 있어 가장 중요한 수입원인 임대료는 임차인으로부터 발생한다. 그래서 자산관리자에게는 우량한 임차인이 입주해서 장기간 안정적으로 빌딩이 운영되는 게 가장 좋은 시나리오다. 하지만 경제나 환경은 예측할 수 없이 변화하고 그에 따라 임차인의 흥망성쇠도 달라진다. 때로는 안정적이었던 임차인이 하루아침에 사업을 그만두는 일도 생긴다. 이런 모든 위험을 사전에 차단할 수는 없겠지만, 어느 정도라도 경감하기 위해서는 임대차계약을 체결하기 전에 임차인으로부터 발생할 수 있는 리스크에는 어떤 것들이 있는지 파악해 볼 필요가 있다.

임차인으로부터 발생할 수 있는 가장 큰 위험은 임대차계약 기간에 대한 것이다. 임차인과 체결한 계약기간 만료 전에 임대차계약이 파기되는 것에 대한 위험이다. 임대인은 안정적인 현금 흐름의 확보를 위해서 각각의 임차인들과 약속된 임대차계약 기간이 지켜져야 운영하는 데 문제가 발생하지 않는다.

이런 임대차계약 관련 위험은 임차인의 신용도와 연관이 있다. 따라서 임차인의 사업 모델이나 유형이 신뢰도가 있는지 살펴봐야 한다. 신용도가 낮은 업체인지 또는 업종과 관련한 불법적인 문제가 없는지 기본적으로 살펴야 하고, 유행에 편승하거나 너무 급속도로 성장하는 산업에 포함된 임차인들은 주의해서 살펴야 한다. 또, 빌딩의 이름이나 명성 등을 불순한 목적으로 이용하려는 임차인들도 있기 때문에 이런 의도를 사전에 파악하여 선별할 필요가 있다.

특히, 임차인이 하는 사업이 사회적 문제와 연관이 있거나 정치, 외교 등 대중들의 관심과 이목이 집중될 수 있는 종류의 임차인은 추후 운영을 하면서 시위나 데모 등이 자주 발생할 수 있어 주의 깊게 검토를 할 필요가 있다.

임대차계약 기간에 대한 위험을 해소하기 위해서 임대인은 신용도가 높은 임차인과 장기계약을 체결하거나 마스터리스 계약 형태로 계약 해지 위험은 낮추지만 임차인의 권한이 큰 계약을 하기도 한다. 다만, 이런 종류의 계약은 안정성이 있기는 하지만 임대료가 급격히 상승하는 시기에 임대료를 인상하지 못하기도 하고 매각 시에 임차인 변경을 통한 밸류애드 전략을 활용할 수 없는 단점도 있기 때문에 빌딩의 운영 전략에 따라 계약 체결 형태도 신중하게 선택해야 한다.

다음으로 발생할 수 있는 위험은 임대료 및 관리비 체납에 대한 위험이다. 임차인이 공간을 사용하는 대가로 지불해야 하는 임대료를 제때 납부하지 못하게 되면 빌딩을 운영하는 데 필요한 비용이나 펀드나 리츠 형태로 투자를 했다면 배당금을 지급하지 못할 수 있어 공실만큼이나 큰 위험에 해당한다.

임차인 관련 리스크를 미리 알아야 대비가 가능하다

임차인 리스크는 어떤 것들인가?

- 임대차계약 기간에 대한 위험
- 임대료 및 관리비 체납에 대한 위험
- 임차인 업종 관련 위험
- 임차인 신용도 또는 평판에 대한 위험
- 명도에 대한 위험

다른 유형의 위험으로는 임차인 명도와 관련된 위험이다. 임대료와 관리비 연체가 발생하고 회생 가능성이 없는 임차인과 명도 협의가 제대로 되지 않거나 계약 만기 시에 재계약 협의가 잘되지 않아 계약 기간이 초과하는 등 계약을 종료하고 명도를 제때 하지 못하는 위험이 있다. 그뿐만 아니라 임차인의 사정으로 중도에 계약 해지를 하고 일방적으로 명도를 하고자 해서 발생하는 위험도 있다.

임차인 리스크의 예방과 제거

다양한 임차인 관련 위험 가운데 어떤 것들이 자주 발생하는지 알고 있으면 조금이나마 대비가 가능하다. 임차인 리스크의 예방을 위해서는 빌딩 운영 시 몇 가지 기준을 수립해 놓고 그 기준에 해당하는지 확인하고 입주 가능 여부를 판단하면 어느 정도 위험 요소가 있는 임차인을 선별해 낼 수 있다.

특히, 빌딩의 운영 방향이나 기존 임차인의 특성을 고려하여 회사의 업태나 사업 유형 등의 기준을 수립해 놓고 임대 마케팅을 할 수도 있다. 예를 들어, 빌딩에 금융 관련 회사들이나 이와 연관된 회사들 위주로만 임차인을 구성할 수도 있다. 금융 관련 빌딩이라는 이미지를 만들어 신뢰도를 높이고 비슷한 업종의 임차인들이 선호하는 곳으로 만드는 마케팅 전략이다.

또, 빌딩에 있는 아케이드나 리테일 임대 공간의 경우 유사한 업종이나 동종 제품을 판매하는 경쟁 회사에 대한 입주 기준도 사전에 마련해 놓을 필요도 있다. 기존에 입점을 한 업체로부터 민원을 받을 소지도 있고, 임차인 포트폴리오를 다양하게 해놓는 것이 운영의 관점에서 더 좋기 때문이다.

특히, 임차인에 대한 정보가 많이 없다면 금융감독원의 전자공시시스템 등을 검색하여 어떤 사업을 영위하고 있는 곳인지 확인해 보아야 한다. 유가증권시장상장법인, 코스닥 시장상장법인, 코넥스시장상장법인 등 한국거래소에 등록된 회사들은 공시 서류 조회가 가능하다. 이곳에서 회계 감사보고서를 조회해 보면 그 회사의 재무상태를 확인할 수 있다. 그리고 사업을 시작한 지 얼마 되지 않은 신생회사일 경우에는 임차인으로부터 해당 사업 계획에 대한 자료를 사전에 받아보고 임차 여부나 임대 기간 등을 판단할 필요도 있다.

[금융감독원 전자공시시템 https://dart.fss.or.kr/]

임차인 리스크를 확인하는 다른 방법으로 임차인이 기존 빌딩에서 이전한 사유를 확인해 보는 것도 필요하다. 사업이 확장되어 더 많은 공간을 사용하고자 이전을 한 것인지 아니면 감평을 해서 면적을 줄여왔는지 등의 이유를 확인함으로써 임차인의 상황이나 재무 상태를 짐작해 볼 수 있기 때문이다.

그리고 빌딩 운영의 안정성을 위해서 임차인의 포트폴리오를 다양하게 구성할 필요가 있다. 우량 임차인이 빌딩의 전체를 다 사용하는 것도 좋겠지만, 이 또한 싱글 테넌트 리스크가 존재한다. 예를 들어, 임차인이 계약을 해지하면 한 번에 대형 공실이 발생하고, 단일 임차인이 입주를 하면서 렌트프리나 인테리어 지원금 등 다양한 혜택을 제공해야 할 수도 있어 분산해서 다양한 임차인을 유치하는 것보다

수익적인 측면에서 불리할 가능성도 있기 때문이다.

빌딩은 다양한 임차인들로 구성되어 계약 기간이 일반적인 3년 내외의 계약부터 장기 계약까지 고루 분포하는 게 좋다. 또, 임차인의 업종도 너무 편중되지 않고 경제나 기타 환경 등에 변화로부터 영향을 받더라도 그 위험이 분산될 수 있게 구성하는 게 좋다.

임차인의 선별 기준

오피스 빌딩을 운영하는 자산관리자는 공실 해소도 중요하지만 임차인 입주 후에 발생 가능한 문제들이 있다면 사전에 차단할 수 있도록 노력해야 한다. 그중 선제적으로 할 수 있는 것은 임차인의 선별 기준을 정하는 것이다.

먼저 현재 빌딩에 입주하고 있는 임차인들의 업종이나 특성들을 고려하는 것도 중요하다. 예를 들어, 경쟁 업종이 인접 층에 입주하게 되면 이해 상충이나 비밀유지 관련 사항으로 인해 문제가 생길 수도 있다. 또, 자유로운 분위기의 스타트업이나 외국계 회사들은 국내의 보수적인 회사들과 함께 입주하다 보면 복장이나 문화 차이로 인한 민원이 발생하기도 한다. 따라서 이런 요소들을 고려하여 임대차 계약 진행 여부를 결정해야 한다.

또한, 어떤 임차인들은 임대차계약 체결 전에 신중한 검토가 필요한 곳들도 있다. 앞서 설명한 것처럼 다음에 예시를 든 임차인들은 일반적인 업무시설이라기보다는 특수한 목적성을 가지고 있어 신용 위험, 정치적 위험, 시위 관련 위험 등이 발생할 수 있는 가능성이 있다.

특히, 피트니스 시설이나 건강검진 센터 등은 외부 출입 인원이 많아 보안의 위험이 있고, 상주 인원이 많아 냉난방 용량도 부족할 수 있기 때문에 임차 여부를 신중하게 검토해야 한다.

신중한 검토가 필요한 임차인

- 신생법인
- 피트니스 시설
- 의료시설
- 각종 재단 및 학교법인
- 외국계 정부 단체
- 종교 관련 단체

가중평균 잔여 임대기간(WALE)

임차인으로 인해 발생하는 리스크 가운데 계약기간을 통해 그 위험의 정도를 평가하는 지표가 있다. 통상 임대차계약 기간이 길면 그 기간 동안의 현금 흐름을 확정 지을 수 있어 해당 자산이 안정적이라고 평가한다. 일반적으로 오피스 빌딩의 임대차계약은 해지하기가 쉽지 않고 임차인도 이전 비용 등 다양한 이유로 단기간 내에 업무 공간을 변경하지 않는다. 그래서 위험을 측정하는 방법으로 임차인들의 계약기간의 합계를 임차인의 수로 나눠 평균을 내고 이를 비교한다. 이렇게 계산된 숫자가 크면 계약 기간이 길어 안정적이라고 볼 수 있다.

이렇게 단순하게 산술평균 하는 것에 한 가지 요소를 더 고려하는 방법도 있다. 임차인 임대 면적의 비중을 고려하여 임대차계약 기간의 평균을 산출하는 것이다. 이를 가중평균 잔여 임대 기간이라고 한다. 영어로 WALE(Weighted Average Lease Expiry)이라고 하는데 이 숫자가 크면 임대차 잔여기간이 많이 남아 있다고 판단할 수 있다. 무엇보다 면적을 많이 사용하는 임차인을 고려했기 때문에 우량한 임차인이나 앵커 테넌트의 계약 만기가 더 많이 남아있는지 여부를 판단하는 데 유용하게 활용할 수 있다.

[Weighted Average Lease Expiry(WALE)]

사례 1	**사례 2**
Tenant A 임대 면적 60% 사용 (임대 기간 10년)	Tenant E 임대 면적 60% 사용 (임대 기간 3년)
Tenant B 임대 면적 30% 사용 (임대기간 5년)	Tenant F 임대 면적 30% 사용 (임대 기간 5년)
Tenant C 임대 면적 10% 사용 (임대 기간 3년)	Tenant G 임대 면적 10% 사용 (임대 기간 10년)
• (0.6 x 10) + (0.3 x 5) + (0.1 x 3) = 7.8 년	• (0.6 x 3) + (0.3 x 5) + (0.1 x 10) = 4.3 년

제소전화해의 활용

임차인의 부실 징후가 나타나고 난 뒤에야 명도를 진행하려면 이미 적정 시점을 놓쳐 운영상의 손해가 발생할 가능성이 높아진다. 따라서 임차인이 입주할 시점부터 임차인의 상태에 따라 퇴거 시를 가정한 대비책을 미리 마련해 놓아야 한다.

만약 임차인의 신용도가 좋지 못하다면 보증금을 일반적인 임차인보다 더 많이 받는 것도 한 가지 방법이다. 보통 오피스 빌딩에서 보증금은 월간 임대료의 약 10배 정도를 받는다. 이 보증금으로 추후에 발생할 수 있는 연체 비용을 충당할 수 있는 재원으로 사용할 수 있어, 퇴거 시 발생할 수도 있는 비용 손실에 대비할 수 있다.

또, 외국계 회사이거나 대기업의 계열사라면 모회사 또는 관계사의 보증을 요청하여 문제가 발생했을 때 해결할 할 수 있는 대안을 마련해 놓는 것도 필요하다.

임차인 명도 위험에 대비한 이런 방법들보다 강력한 수단으로 제소전화해가 있다. 제소전화해는 일반 민사분쟁이 소송으로 발전하는 것을 방지하기 위하여 소 제기 전에 지방법원(또는 시·군법원) 단독판사 앞에서 화해를 성립시켜 분쟁을 해결하는 절차를 말한다. 화해 조항으로 보통 임차인이 임대료를 내지 못하거나 퇴거를 해야 하는 조건들이 발생하는 상황들을 작성하고 미리 화해를 해놓는 것이다.

이렇게 제소전화해 조서를 작성해 놓으면, 화해 조항에 있는 상황이 발생하면 명도 소송을 한 것과 같은 효력이 있기 때문에 임차인을 바로 명도할 수 있는 장점이 있다. 따라서 임차인으로부터 발생할 수 있는 명도 위험을 사전에 경감시킬 수 있다.

이런 제소전화해는 가급적이면 임차인과 임대차계약을 체결하면서 미리 협의를 하는 게 좋다. 입주 중에 제소전화해를 협의하려면 임차인 입장에서도 기분이 좋지 않을 수 있고, 협상력도 떨어질 수 있어 입주 전에 완료를 해놓는 게 좋다.

제소전화해의 의미 : 제소(소송)를 하기 전에 서로 화해를 한다

- ☑ 소송을 했을 때의 판결문과 동일한 효과
- ☑ 강제 집행이 가능한 효력
- ☑ 조항 예시 : '임대료 3개월 연체 시 부동산을 인도한다.'
- ☑ 상가임대차보호법 등에서의 강행법규를 위반하는 내용은 넣을 수 없음
- ☑ 명도소송은 기간이 길어(5개월 정도) 연체 발생 시 사실상 회수가 불가능

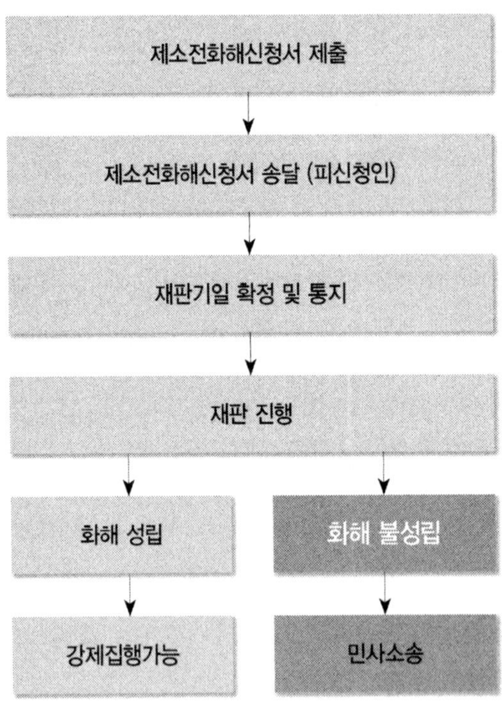

제소전화해를 진행하는 절차는 임대인과 임차인의 법무법인을 통해 대리로 신청을 하고 재판기일이 출석하여 화해 성립에 대한 의사를 표시하게 되면 간단하게 완료가 된다. 이렇게 제소전화해를 진행하기 위해서는 시간과 비용이 소요될 수 있다. 하지만, 임차인을 명도하는 과정에서 발생할 수 있는 손해를 고려한다면 제소전화해를 체결하는 것이 훨씬 더 경제적이다.

부실 임차인의 처리와 대응

임대차계약 체결 전에 임차인을 선별하는 절차를 거치더라도 운영 중에 부실 임차인은 필연적으로 발생한다. 특히, 임대 시장 상황이 좋지 못해 공실 해소를 위해 다소 부실한 임차인이 입주를 했다면 자산관리자는 이에 대한 대비를 하는 게 좋다. 부실 징후가 발생하는 것을 면밀하게 살피고 만약 그런 문제가 생기면 곧바로 임차인과 면담을 하고 어떤 상황인지 직접 확인하는 게 좋다.

부실 임차인이 발생했다면 임대차계약서에 있는 절차에 따라 처리해야 한다. 연체가 발생했다면 이에 대한 공식적인 통지를 하고, 실무적인 협의는 별도로 진행해야 한다. 이런 문서나 이메일 등이 추후에 명도 소송을 진행하게 되면 연체에 대한 증빙 자료로 활용할 수 있기 때문이다.

자산관리자는 부실 임차인과 대응을 할 때는 무엇보다도 추가로 발생 가능한 손실을 최소화한다는 접근 방식이 필요하다. 대개 임차인에게 문제가 한 번 생기고 나면 회복을 해서 정상으로 돌아서기가 쉽지 않기 때문에 가장 최악의 상황을 가정하여 대응하는 게 좋다.

그리고 무엇보다도 협상을 통해 서로가 가장 좋은 방안을 찾아 명도 기간을 최소화하는 게 좋다. 자산관리자도 무조건 임대차계약서에 있는 기준에 따라 업무를 처리하기보다는 문제가 생긴 임차인 입장에서 할 수 있거나 가능할 것으로 보이는 최선의 명도 협의 방안을 제안하고 임대인에게 설득하여 부실한 임차인이 신속하게 퇴거할 수 있도록 하는 것이 좋다.

위험 발생	대응 방안 및 내용
• 임대 검토 시 예상되는 각종 리스크를 체크	▸ 임대율 유지를 위해 부득이 하게 임대하는 경우 대비
• 부실징후가 발생 시 담당자를 통해 상황 확인 필요	▸ 납부기일 미 준수. 1개월 정도 연체의 반복
• 연체가 발생하면 계약서에 의한 프로세스 진행	▸ 연체 관련 내용증명의 발송
• 연체대금, 원상복구 등을 감안한 예상 손실 금액을 확인	▸ 3개월 정도 연체가 되면 이후에는 손실 발생 가능
• 임차인이 개선의 여지가 없으면 신속하게 명도	▸ 비용 손실 최소화 및 명도 기간 최소화

05 사고 예방과 운영 관련 보험

운영 중 발생하는 재해와 사고 예방

빌딩은 한정된 토지에 그 효용을 최대화하기 위해 공간을 효율적으로 사용할 수 있도록 설계를 하다 보니 그 안에 상주 인원이 많을 수밖에 없다. 좁은 활동 반경에 다양한 사람들이 빌딩에 출입하고 생활하다 보면 사고가 발생할 가능성이 높다. 또, 우리나라는 사계절이 있어 날씨로 인한 영향이 많아 이와 관련한 재해들도 종종 발생한다.

이 가운데 빌딩에서 발생하는 사고의 유형을 크게 나눠보면 시설물 관리의 부주의로 인해 발생하는 것과 임차인이나 방문객들의 부주의로 인한 것으로 구분해 볼 수 있다. 이런 사고는 평소에 비슷한 사례를 가정하여 훈련을 하거나 예방할 수 있는 방안 등을 준비하여 근무자들에게 교육을 하고 신속하게 대응할 수 있도록 한다면, 더 큰 문제가 되는 것을 막을 수 있다. 또, 사고가 발생했을 경우 미리 가입된 보험을 통해 신속하게 처리할 수 있도록 준비하여 사고 처리를 위해 해야 하는 불필요한 업무를 줄일 필요도 있다.

다음은 빌딩에서 자주 발생하는 사고들의 예시이다. 운영하는 빌딩마다 상황은 각각 다르겠지만 비슷한 사고가 발생할 수 있는지 여부를 점검해 보는 것도 사고 예방 차원에서 도움이 될 수 있다.

[빌딩에서 발생하는 사고 유형]

시설 관리 부주의	고객 부주의/보안 등
• 보도블록에 구두굽이 걸려 넘어지는 사고 • 엘리베이터 운행 중 내부에 갇히는 사고 • 주차장 누수로 인한 차량 피해 사고 • 출입문 부품 낙하로 인한 사고 • 설비 운전 부주의로 인해 냉수 공급 중단 사고 • 정복전 테스트 중 연도 부근 스프링클러 작동 사고	• 외부 구두닦이 임차인 공간 무단 침입 사고 • 회전문에서 미끄러져 팔이 부러지는 사고 • 취객 응대 부주의로 인한 민원 • 강풍으로 출입문에 부딪히는 사고 • 입주사 주방 드레인 누수

임차인 민원과 대응

빌딩을 운영하다 보면 자산관리자는 다양한 요구사항과 함께 임차인으로부터 민원을 받게 된다. 빌딩에서 주로 발생하는 민원은 냉난방 관련 사항이나 엘리베이터 또는 화장실 사용과 관련된 것들이다.

자산관리자는 운영 방식에 따라 FM 팀의 근무자들을 통해서 민원을 받기도 하고 임차인의 담당자로부터 직접 내용을 전달받기도 한다. 그렇기 때문에 자산관리자는 이런 민원들이 한 곳에 취합되어 관리될 수 있도록 해야 한다. 민원의 내용을 토대로 임차인들이 어떤 점을 불편해하는지 알 수 있다. 또한, 빈번하게 발생하는 문제를 확인하고 사전 대응을 할 수 있도록 근무자들에게 주지시키고 교육을 해야 반복적으로 발생하는 민원을 줄여 나갈 수 있다.

대형 빌딩들의 경우 민원 접수와 처리를 위해 콜센터를 운영하기도 한다. 외주 업체가 운영을 하는 콜센터를 활용하여 민원의 접수에서부터 완료까지 처리 경과에 대해 민원인에게 알려주는 것이다. 사실 대부분의 민원은 큰 문제로 발전하는 경우가 많지 않지만 자산관리자는 임차인의 입장에서 생각을 해보려는 자세가 필요하다. 민원이라는 것은 단순한 불편이나 한두 번 일어난 문제라기보다는 반복적으로 일어나는 것이거나 해결해야 할 필요성이 있기 때문에 임차인이 문제를 제기했을 것이라는 사고방식으로 접근해야 한다. 임차인도 신경을 쓰지 않고 넘어갈 수도 있었던 일이겠지만 시간을 내서 빌딩 운영에 대한 피드백을 준 것이라고 생각하면 좋을 것이다.

그리고 대부분의 민원은 임차인의 의견을 잘 청취해 주고 그 해결 경과에 대해 피드백을 제때 해주면서 소통을 하면 원만하게 마무리가 된다. 오히려 쉽게 처리할 수 있는 민원인데 문제는 해결되지 않고 처리 경과에 대한 공지도 없으면 더 큰 불만으로 이어질 수도 있다.

임차인의 민원을 해결하고 이에 적절하게 대응하는 것은 사용자 만족도에도 큰 영향을 끼친다. 제품을 구매한 후 AS가 잘 되는지 여부가 브랜드 평판에 영향을 주는 것처럼 임차인이 제기한 민원을 해결하는 것은 빌딩 서비스에 있어 AS나 마찬가지이기 때문이다. 따라서 자산관리자는 임차인들의 민원에 귀를 기울이고 개선해야 할 사항이 있다면 운영에 반영하고, 접수된 민원은 더 나은 품질의 서비스를 제공하는 소중한 정보라고 여기고 이를 잘 활용해야 한다.

평소 자주 발생하는 민원에 대한 인지

민원 사례에 대처 및 대응

- 냉난방 관련 민원
- 음식물 반입규제 및 배달 관련 민원
- 입주사 공사 시 소음 및 냄새 민원
- 건물 내 흡연 및 실내 공기로 인한 민원
- 엘리베이터 및 화장실 관련 민원
- 입주사간 방음

민원 해결을 위한 사전 준비 및 대응책 마련

부동산 운영 관련 보험

앞서 살펴본 것처럼 빌딩을 운영하는 과정에는 다양한 위험이 존재한다. 이런 위험이 발생하면 경제적 손실로 연결되는 경우가 대부분이기 때문에 이를 경감시키기 위해서는 보험을 활용할 필요가 있다.

부동산 관련 보험은 다양한 종류가 있고, 또 가입하는 주체도 임대인, 임차인, 운영 관련 협력 업체 등으로 다양하게 구분해 볼 수 있다. 부동산 운영에 필요한 보험은 계약 관계나 각자의 상황에 따라 의무적으로 가입해야 하기도 하고 자발적으로 가입하기도 한다.

임대인이 자산 운영 과정에서 발생하는 사고에 대해 배상 책임을 보장받기 위해 가입하는 것이 영업배상책임보험이다. 이 보험을 활용하면 임차 공간은 물론 로비나 주차장 등 공용부에서 발생하는 사고와 관련된 배상 책임 위험을 어느 정도 경감시킬 수 있다.

이외에 임대인이 가입하는 다른 보험으로는 재산보험이 있다. 갑작스러운 사고로 인해 발생할 수 있는 재산 손실에 대비하는 것이다. 이뿐만 아니라 전 세계적으로 빌딩에서 테러가 발생하는 일도 많아지면서 이를 위한 테러보험에 가입하기도 한다. 특히, 초고층 빌딩이나 프라임급 빌딩 가운데 해외 투자자들이 투자한 자산들은 글로벌 정책에 따라 테러보험에 가입하는 사례가 많이 있다.

임차인들도 사용하는 공간 내부에 있는 재산의 보호를 위해 따로 재산보험에 가입하기도 하고 임차인의 귀책으로 발생하는 사고에 대한 대비 차원에서 영업배상책임보험을 가입하는 경우도 있다.

뿐만 아니라 자산관리회사(PM 회사)나 시설관리회사(FM 회사) 또는 빌딩 운영을 위해 계약한 관련 아웃소싱 업체들도 각각 영업배상책임보험, 주차장배상책임보험, 근재보험, 산재보험 등을 가입해서 사고 발생 시 손해에 대비한다.

임대인과 임차인 보험으로 구분

- 영업배상책임보험
- 재산보험
- 테러보험
- 가스사고배상책임보험

⊕

PM 회사, FM 회사 및 아웃소싱 업체

- 영업배상책임보험
- 재물보험
- 주차장배상책임보험
- 근재보험, 산재보험

- 근재 및 산재보험

  빌딩 내 공사 시에 작업자들의 사고와 부상 위험을 위해 공사 업체가 가입하는 보험

[사업장내에서 일어난 사고로 제3자에 대한 배상책임을 보장하는 보험]

- 시설소유자관리자배상책임 : 구내에서 발생한 3자 배상책임
- 도급업자배상책임 : 도급작업, 시공작업 등의 수행 중 발생한 3자 배상 책임
- 주차장배상책임 : 주차시설 및 주차장 업무 수행 중 발생하는 사고

그리고 빌딩은 대형 자산이면서 재산 가액이 크기 때문에 보험사에서는 이런 사업장을 위해 재산종합보험의 가입 범위나 조건을 선별적으로 택할 수 있는 상품을 만들어 제공하고 있다. 패키지보험이라고 불리는 이 보험에 가입하면 다양한 위험을 보상받을 수 있는 장점이 있다.

[경영상 발생하는 각종 위험을 하나의 증권으로 포괄 담보하는 종합보험]

- 규모가 큰 사업장 : 보통 제1부분의 재산가액이 200억 이상 규모 시 가입 가능
- 계약 관리가 편리 / 다양한 위험 보상 / 보험료 절감 효과 / 커스터마이즈 가능

- 제1부분 – Section I PAR (Property All Risk) 재산손해위험
- 제2부분 – Section II MB (Machinery Breakdown) 기계위험
- 제3부분 – Section III BI (Business Interruption) 기업휴지위험
- 제4부분 – Section IV GL (General Liability) 배상책임위험

빌딩 운영을 위한 보험 관련 용어

자산관리자는 보험에 대한 전문가가 아니기 때문에 보험사와 협의를 하거나 업무를 하려면 보험 관련 기본 용어를 알고 있어야 한다. 보통 사고가 발생하면 보험 회사에서 피해자와 합의와 보상에 대해 논의를 하게 된다. 이런 과정에서 자산관리자는 관련 당사자들과 원활하게 소통을 해야 하기 때문에 보험과 관련한 정확한 용어와 그 뜻을 알아야 한다. 보험처리 관련 업무를 하면서 혼돈스러울 수 있는 다음의 전문 용어를 이해하고 있으면 업무하기가 훨씬 수월하다.

- 대위권 : 보험 계약자가 해야 할 소송을 보험사가 보험계약자의 지위를 가지고 소송을 대신해 주는 것
- 잔존물대위 : 보상 후 남은 물건에 대한 권리
- 청구권대위 : 보험사가 먼저 보상해 준 손실에 대해 배상 책임을 가해자(상대방 또는 상대방 보험사)에게 청구할 권리
- 구상권 : 채무를 대신 변제해 준 사람이 채권자를 대신하여 채무 당사자에게 반환을 청구할 수 있는 권리

PART 04

임대차계약 관리와 실무 지식

임대차계약 관리와 실무 지식

04

01 상업용 부동산 임대시장의 구조와 기본 지식

임대 시장과 임대 업무의 구분

우리나라는 서울을 중심으로 대부분의 대형 오피스 빌딩들이 집중되어 있다. 이런 빌딩들 가운데 자산관리자가 PM을 하는 것들은 대부분 대기업이나 중견 기업들이 보유를 하고 있거나 부동산 펀드나 리츠를 통해 투자된 자산들이다. 이런 자산들이 집중적으로 분포되어 있는 지역들이 주요 업무권역을 형성하고 있다.

서울은 전통적으로 도심권역 CBD(Central Business District), 여의도권역 YBD(Yeoido Business District), 강남권역 GBD(Gangnam Business District)으로 3개의 중심 업무권역으로 구분된다. 이외에 판교와 분당, 성수동은 IT 회사들을 중심으로 새로운 업무권역으로 성장했다.

PM 회사의 임대팀이나 중개법인들은 이런 주요 업무권역의 자산들을 중심으로 임대시장에서 경쟁을 하고 있다. 따라서 주요 업무권역에 있는 빌딩을 운영하는 자산관리자는 이런 임대시장의 임대료와 관리비 수준이 어떻게 변화되고 있는지, 공실률 수준은 어느 정도인지 파악을 하고 있어야 한다. 그래야 내가 운영하는 자산의 임대 경쟁력의 수준을 비교할 수 있고 이를 추후 운영 계획에 반영할 수 있기 때문이다.

[서울 임대 시장의 구분]

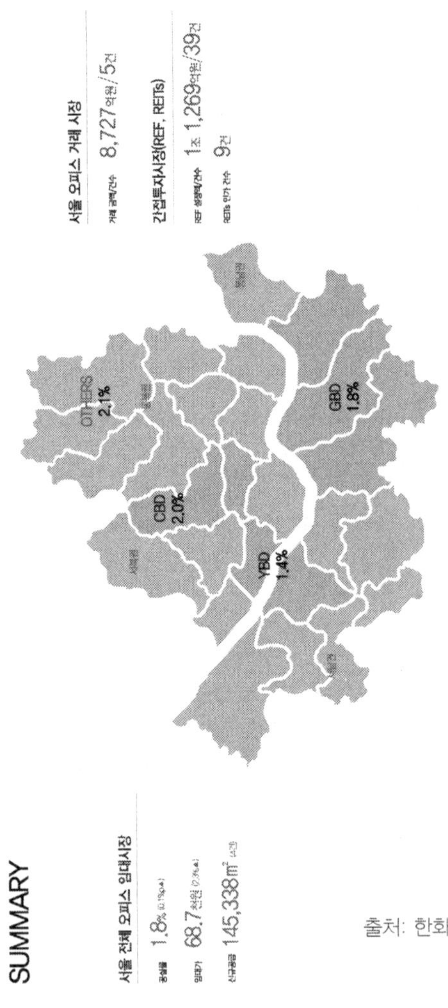

출처: 한화 H&R 에스테이트부문 보고서

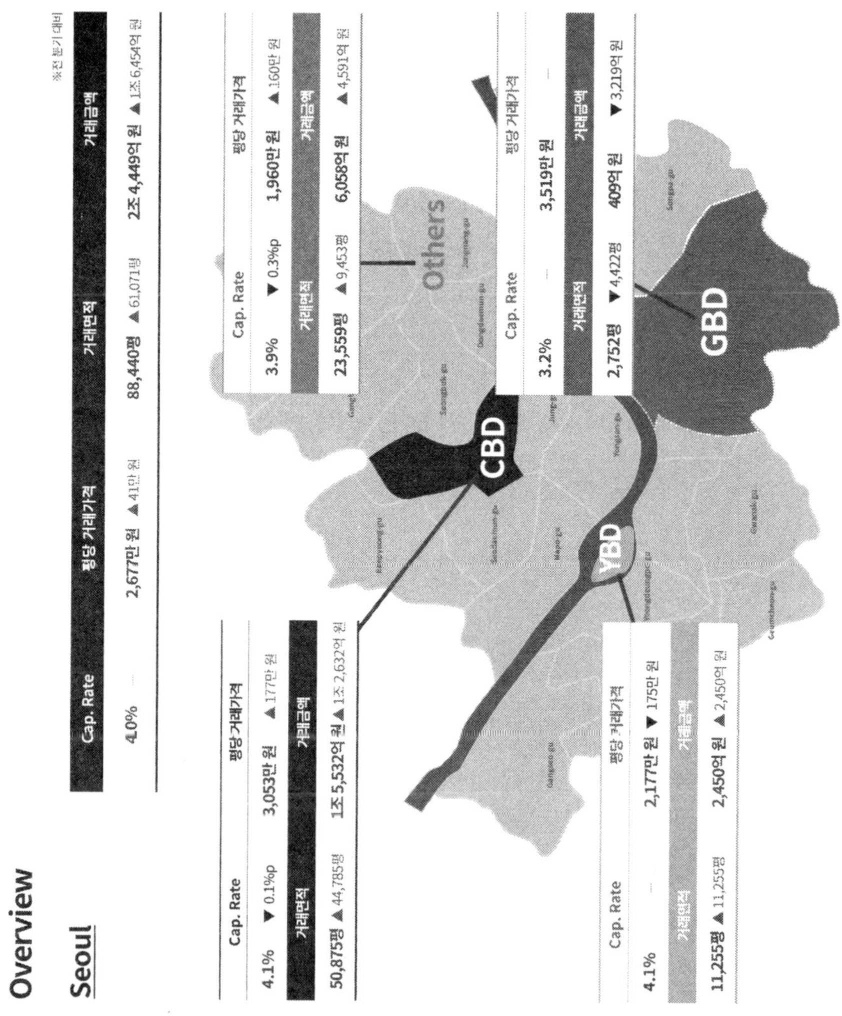

출처: 젠스타메이트 보고서

임대 관련 업무는 누구를 대리해서 일을 하느냐에 따라 크게 임대 대행과 임차 대행으로 구분해 볼 수 있다. 간단히 말하면 공급자를 대리하느냐 아니면 수요자를 대리하느냐에 따라 그 역할이 나뉘는 것이다.

임대 대행(Landlord Representative)은 빌딩을 소유하고 있는 임대인을 대신하여 공실에 대한 임대 마케팅 업무를 하는 것을 말한다. 따라서 임대 대행 담당자는 해당 건물에 대한 세밀한 정보를 알고 있어야 하고 이를 바탕으로 빌딩에 적합한 임차인을 찾을 수 있는 임차인 발굴 능력을 가지고 있어야 한다.

임차 대행(Tenant Representative)은 임차인의 의뢰를 받아 이전하고자 하는 빌딩을 찾아주는 업무를 하는 것을 말한다. 따라서 성장하고 있거나 공간을 많이 사용할 것으로 예상되는 임차인의 업종을 분별해 내고 그런 임차인들의 성향을 잘 분석할 수 있는 능력이 필요하다. 이를 바탕으로 잠재 고객을 발굴할 수 있는 네트워크도 보유하고 있어야 한다. 이와 함께 다양한 지역의 빌딩 정보에 능통하여 적합한 공간에 임차인을 매칭시킬 수 있는 제안 능력도 필요하다.

임대 업무를 위한 실무 지식

이런 역할 구분에 따라 빌딩의 임대 대행사로 선정된 임대팀의 마케팅 능력과 고객 발굴 능력에 따라 자산운영의 결과가 달라지기도 한다. 임대팀에서는 마케팅을 위해 주요 빌딩들의 공실이나 앞으로 예정된 공실을 소개하는 임대 안내문을 만들어 정기적으로 배포하는데, 이런 임대팀의 활동에 따라 공실의 해소 여부가 달라지기 때문이다.

빌딩의 자산관리자는 주로 PM 업무를 하지만 만약 운영하는 자산에 공실이 있다면 이를 해소하려는 노력도 병행해야 한다. 예를 들어, 임대팀에서 배포하는 임대 안내문에 들어가면 도움이 될 만한 자산 관련 정보를 주기적으로 제공하고, 만약 예정된 공실이 있다면 임대 대행사에게 알려 사전 마케팅이 될 수 있도록 해야 한다.

이런 임대 안내문에는 보통 빌딩 기본 정보(주소, 위치, 연면적, 준공일, 기준층 면적, 전용률, 엘리베이터, 주차 등), 위치도, 공실 정보, 임대 조건, 전용층 기준 도면, 빌딩 내외부 사진, 빌딩의 장점 등이 소개가 된다. 임대 안내문은 결국 부동산 상품에 대한 상세 설명서의 역할을 하는 것이기 때문에 잠재 임차인들이 궁금해할 만한 정보들로 구성하여 자산에 대한 관심도를 높일 필요가 있다.

[빌딩 임대 안내문 샘플]

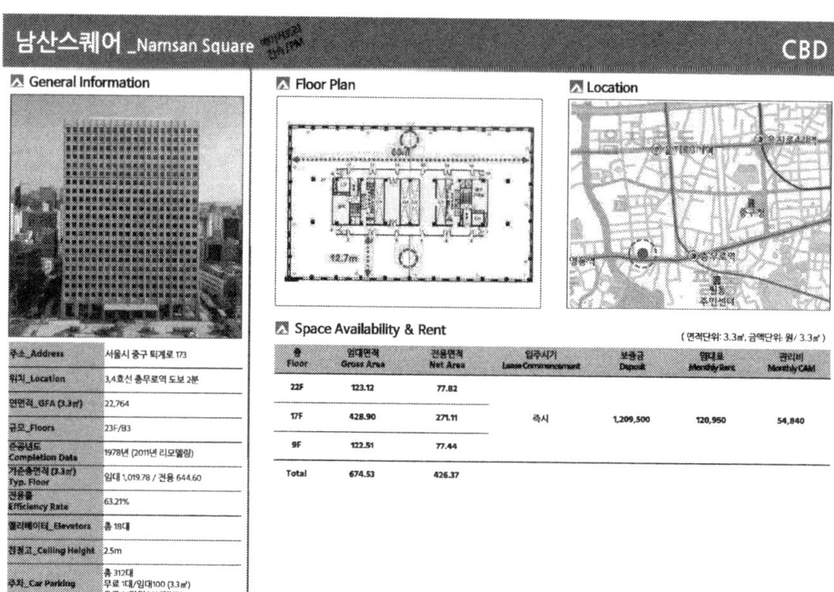

남산스퀘어 _Namsan Square CBD

General Information

주소_Address	서울시 중구 퇴계로 173
위치_Location	3,4호선 충무로역 도보 2분
연면적_GFA (3.3㎡)	22,764
규모_Floors	23F/B3
준공년도 Completion Date	1978년 (2011년 리모델링)
기준층면적 (3.3㎡) Typ. Floor	임대 1,019.78 / 전용 644.60
전용률 Efficiency Rate	63.21%
엘리베이터_Elevators	총 18대
천정고_Ceiling Height	2.5m
주차_Car Parking	총 312대 무료 1대/임대100 (3.3㎡) 유료 21만원(VAT별도)

Floor Plan

Location

Space Availability & Rent

(면적단위: 3.3㎡, 금액단위: 원/ 3.3㎡)

층 Floor	임대면적 Gross Area	전용면적 Net Area	입주시기 Lease Commencement	보증금 Deposit	임대료 Monthly Rent	관리비 Monthly CAM
22F	123.12	77.82	즉시	1,209,500	120,950	54,840
17F	428.90	271.11				
9F	122.51	77.44				
Total	674.53	426.37				

임대 업무는 임대 대행과 임차 대행으로 나눠지지만 결국 임대인과 임차인이 필요로 하는 공간을 찾아 나가는 과정이라고 이해하면 된다. 임대와 임차 업무의 핵심은 임차인이 이전하는 빌딩에서의 계약 종료 일정과 새로 입주하는 빌딩의 입주 일정을 맞추고, 임차인이 부담할 수 있는 적절한 비용으로 임대가 가능한 공간을 찾는 일이다.

그런 과정에서 자산관리자는 임대가 잘 진행될 수 있도록 여러 참여자들 가운데서 중요한 역할을 해야 한다. 왜냐하면, 임대를 하는 자산에 대해 가장 많이 알고 있기 때문에 임대 에이전트와 신규 임차인에게 정확한 정보를 제공하여 임대 공간에 대한 계약 가능성을 높일 수 있는 위치에 있기 때문이다.

자산관리자는 새로운 가망 임차인이 현장을 방문할 때부터 임대 업무에 참여하게 된다. 임차 대행 업무를 하는 에이전트와 커뮤니케이션을 하면서 새로운 임차인을 유치하는 데 중요한 역할을 하게 된다. 에이전트가 가망 고객을 빌딩까지 오게 했다면 그다음으로 빌딩을 가장 잘 알고 있는 자산관리자가 어떻게 안내하고 설명하느냐에 따라 입주 여부에도 영향을 줄 수 있다.

일반적으로 임대 업무 절차는 다음과 같은 순서에 따라 이뤄진다. 가망 임차인들이 수차례 빌딩을 방문하고 살펴보는 것을 반복하는 과정에서 임대차계약이 체결되는 것이다.

[임대 업무 절차와 프로세스]

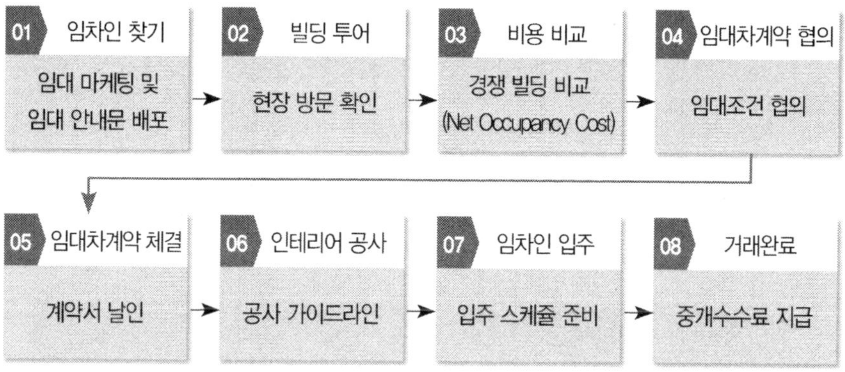

순점유비용(NOC)의 정의와 해석방법

임차인이 빌딩을 이전하는 데 있어 중요하게 검토하는 것 가운데 하나가 비용이다. 업무 공간을 이전하게 되면 새로운 곳에서 어느 정도 수준의 임대료와 관리비를 내야 하는지 검토하고 책정한 예산에는 적합한지 판단을 해야 한다.

그런데 업무용 공간으로 사용하는 빌딩은 제각기 면적과 모양이 다르기 때문에 이를 비교하는데 어려움이 있다. 특히, 임차인이 실제로 사용하는 전용면적과 다른 임차인들과 함께 사용해야 하는 공용공간에 대한 비율도 빌딩에 따라 천차만별이다.

따라서 각기 다른 빌딩의 공간을 임대하면 발생하는 비용을 같은 기준에서 비교하기 위한 계산방식이 필요하다. 이때 활용하는 것이 순점유비용 NOC(Net Occupancy Cost)이다.

NOC는 보증금에 보증금 운용이율을 곱하여 산출한 금액에 월 임대료 및 관리비를 더한 총금액을 빌딩의 전용률로 나누어서 계산한 것이다. 보증금은 임차인이 납부하고 그동안에 발생한 이자 수입은 임대인에게 귀속되는 게 일반적이다. 따라서 임차인 입장에서는 보증금을 은행에 넣어두는 것만큼은 비용이 발생하는 것이기 때문에 순점유비용 계산식에 반영한다.

순점유비용을 식으로 나타내면 다음과 같다.

NOC = [(임대차 보증금 × 보증금 이자율) + 임대료 + 관리비] / 빌딩의 전용률

그리고 임대인이 임차인을 유치하기 위하여 제공하는 무상 임대료인 Rent Free가 있다면 이를 적용하는 데 일반적인 NOC와 구별하기 위하여 실질 NOC라는 용어를 사용한다.

실질 NOC를 식으로 나타내면 다음과 같다.

실질 NOC = [(임대차 보증금 × 보증금 이자율) + Rent Free를 반영한 임대료 + 관리비] / 빌딩의 전용률

[실질 NOC 비교 예시]

보증금 운용 이율
1.80%

구 분	사례 1	사례 2	사례 3	사례 4
보증금	1,000,000	1,000,000	1,000,000	1,000,000
임대료	100,000	100,000	100,000	100,000
Rent Free	0개월	0개월	0개월	3개월
관리비	30,000	30,000	30,000	30,000
전용률	55%	60%	55%	55%
NOC	269,091	246,667	269,091	223,636

임차인이 사무실 이전 시 검토 요소

자산관리자는 신규 임대를 하는 과정에서뿐만 아니라 현재 입주해 있는 임차인들이 사무실 이전을 고려할 때 어떤 사항들을 확인하는지 알고 있어야 한다. 그래야 어떤 요소들이 자산운영을 할 때 중요한지 파악이 가능하기 때문이다. 이를 통해 자산관리자가 운영하는 과정에서 어떤 것들이 부족했고 또 앞으로 무엇을 개선해야 할지 검토하여 운영 계획에 반영할 수 있다.

다음은 임차인들이 사무실을 이전할 때 고려하는 것들을 검토 요소별로 정리한 것이다. 신규 임차인이 입주를 했다면 어떤 요소를 고려했는지 청취를 해보고 퇴거하는 임차인들로부터는 어떤 이유로 이전을 하는지 확인해 보면 자산을 운영하는 데 필요한 다양한 아이디어를 얻을 수 있을 것이다.

빌딩의 입지와 주변 현황

- 직원들의 출퇴근 : 직원들이 사무실에 출퇴근하는 방법과 거리
- 대중교통 : 고객 및 직원들을 위한 주변 대중교통 현황
- 주변 교통 현황 : 정체 시간대, 주변 교통 통제 현황
- 공항 교통 : 해외 출장 시 공항으로의 접근성
- 공사 : 주변 공사 진행 상황 또는 예정 여부
- 지역의 이미지나 명성 : 좋은 평판을 가지고 있는 위치나 업무 권역
- 주변 임차인 : 경쟁 업체이거나 혹은 문제를 일으킬 수 있는 임차인이 있는지 여부
- 인력 채용 : 업종에 맞는 채용을 하기에 좋은 위치인가
- 응급치료 : 위급한 상황에 가까운 병원 등이 있는가
- 고객 접대 : 고객들이 방문했을 때 안내할 만한 곳이 있는가
- 음식 : 주변에 식사를 하거나 점심을 먹을 곳들이 적정하게 있는가
- 주변 편의시설 : 은행, 공공기관, 쇼핑몰, 호텔 등 편의시설이 있는가

빌딩 현황

- 임대인 : 소유자에 따라 빌딩 관리 수준이나 매각 예정 등의 사항 확인
- 빌딩 관리자 : 빌딩 관리를 어떤 회사에서 하는지

- 빌딩 서비스 : 냉난방 제공 시간, 쓰레기 처리 등의 서비스 범위
- 건축연도 : 리모델링 등을 진행했는지 확인
- 엘리베이터 : 엘리베이터의 대수와 설치 연도를 확인하고 이용에 불편이 없을지 확인
- 야간과 주말 출입 : 24시간 보안이 되는지 여부와 야간 주말 출입 방법
- 빌딩 보안 : 빌딩의 보안 시스템이 어떤지 확인
- 빌딩 규정 : 빌딩 운영 규정에 따라 추가로 필요한 비용들이 있는지 검토
- 주차 : 주차 가능한 여유 공간이 있는지 또는 주변에 확보 가능한 주차 공간이 있는지 확인
- 자전거 주차 시설 : 자전거 주차장 및 샤워시설 설치 여부 확인
- 장애인 출입 : 장애인이 빌딩을 이용하는 데 문제가 없는지 확인
- 재난 대비 : 정전 시 대비한 비상 발전기, 비상계단 등 재난 대비 시설 확인
- 화재 대피 : 화재 시 대피하는 계획과 설비가 잘 갖추어져 있는지 확인
- 홍수의 위험 : 홍수나 침수의 위험이 없는지 혹은 이를 대비한 보험 가입 여부 검토
- 공해 : 공장 등의 공해 발생 요소가 없는지 확인
- 유해 물질 : 석면 등 건강에 나쁜 영향을 주는 배출물이 있는지 확인
- 배수 : 주방이나 추가 화장실을 설치할 수 있는 배수관이 있는지 확인
- 평면의 모양 : 바닥 평면의 모양에 따라 레이아웃 구성 확인

- 허가사항 : 임대 공간 변경 시에 있어 임대인 외에 허가를 받아야 하는 주체가 누구인지 확인
- 증평 가능성 : 업무 확장으로 증평 시 추가 공간 확보 여부
- 리모델링 계획 : 임대인이 공용 공간의 시설을 리모델링 계획이 있는지 여부
- 창고 : 건물 내에 창고로 사용할 수 있는 공간이 있는지 여부를 확인
- 법적 제한 : 문화재 혹은 기타 법규에 의해 빌딩에 제한되는 사항이 있는지 여부
- 기계와 전기 설비 : 기계와 전기 설비들이 최신 사양인지 확인
- 내부 소리 : 실내에 울림이 있는지 여부와 인접한 임차인 간의 차음이 잘 되는지 확인
- 빌딩 외부 : 빌딩의 외부 모양이나 디자인이 회사에 이미지에도 영향을 주는지 확인
- 외부 풍경 : 자연 채광 상태와 녹지를 볼 수 있는 외부 풍경이 있는지 확인
- 외부 소음 : 도로 주변이나 철도, 공항 등의 소음이 발생 여부 확인
- 창문 : 유리창의 상태에 따라 온도나 채광, 프라이버시 등 확인
- 우편함 : 공용 우편함이 있는지 아니면 직접 설치해야 하는지 여부

IT 및 통신

- 서버룸, 데이터센터 : 서버룸을 위한 공간 및 냉방, 비상 발전기

설치 여부

- 전력 현황 : 서버룸과 통신을 위한 전력이 충분한지 여부 확인
- 케이블 : OA Floor가 있는지 확인
- 통신회사 : 어떤 회사의 통신망을 사용하고 있는지 확인

친환경

- 친환경 인증 : 친환경 빌딩 인증 여부
- 에너지 효율 : 빌딩의 에너지 효율등급
- 냉방 : 빌딩에서 제공하는 냉방이 충분한지 또는 추가 설비 설치 필요 여부 확인
- 이중유리 : 외부 유리가 이중유리로 구성되어 있는지에 따라 에너지 비용에 차이 발생
- 자연광 : 자연 채광이 건강과 생산성에 긍정적인 영향을 주고 에너지 비용도 절감 가능
- 열 감지 테스트 : 창가나 외벽 근처 열 감지 테스트 후 에너지 낭비 요인 확인

이전 시 발생 비용

- 인테리어 및 원상복구 비용 : 인테리어 및 원상복구공사 범위에 따른 비용
- 이사비용 : 각종 사무 집기들을 이전하는 비용
- 가구 : 기존 가구 재사용 또는 새로운 가구를 구매에 따른 비용
- 보험 : 재물 보험 및 재산 보험 가입 시 비용
- IT : 서버 및 IT 시스템 이전 비용

- 법적 검토 : 임대차계약서 검토나 사무실 이전 관련 법적 검토 비용
- 사무용품 : 명함, 봉투, 회사소개서, 홈페이지 등 회사 이전으로 변경이 필요한 물품 관련 비용
- 임시 보관 장소 : 사무실 이전으로 인해 임시로 물품을 보관해야 할 때 발생하는 비용
- 개인 지원 비용 : 회사 이전으로 인해 발생하는 개인 비용에 대한 지원
- 중개 보수 : 사무실 이전으로 인한 중개 보수 금액

임차인이 사무실을 이전하는 이유

자산관리자는 빌딩을 운영하는 과정에서 임차인의 내부 상황에 대해 자연스럽게 알게 된다. 특히, 임차인이 이전을 할 때 어떤 요소들 때문에 그런 결정을 하는지 알 수 있다. 임차인에 따라 여러 가지 사정이 있을 수 있지만 이전을 결정하는 데는 다음과 같은 몇 가지 공통적인 요소가 있다.

임차인이 사무실을 이전하는 이유 중에 하나는 사용하고 있는 면적에 대한 조정 때문이다. 예를 들어, 사업이 확장되어 더 많은 인원이 근무를 해야 할 때는 증평을 해야 한다. 만약, 입주하고 있는 빌딩에서 추가 공간을 확보하기가 어렵다면 다른 곳으로 이전을 하기도 한다. 반대로 사업 규모가 축소되어 큰 공간이 필요 없게 되면 적정한 규모의 다른 빌딩으로 옮겨가기도 한다.

다음으로, 영업 지점을 보유하고 있는 사업자의 경우 조직을 통폐

합하거나 사업 계획의 변경 때문에 전략적으로 특정 지역으로 이전해야 해서 사무실을 옮기기도 한다. 사업이 성장하는 과정에 있는 회사들은 더 큰 곳으로 이전하면서 지점을 확장하기도 한다.

임차인 업종에 따라 빌딩에서 제공해 주어야 하는 설비들이 필요한 경우도 있다. 예를 들어, 금융 회사들은 예금, 주식, 채권, 외환 등 각종 금융 거래가 온라인을 통해 이뤄지기 때문에 서버를 24시간 운영해야 한다. 만약 전력 공급이 불안정하거나 정전 등이 발생하면 천문학적인 피해를 입을 수 있기 때문에 이를 보완할 수 있는 이중 전력 설비를 갖춰야 한다. 따라서 건물에서 충분한 전력을 제공할 수 있어야 하고, 임차인을 위한 전용 비상 발전기 등도 필요하다. 하지만 빌딩이 노후화되거나 이런 건축 설비들의 스펙이 충분하지 못한 상황이라면 임차인은 다른 빌딩으로 이전을 검토하게 된다.

임차인은 더 나은 업무 환경을 위해 이전을 하기도 한다. 빌딩에 생애 주기가 있는 것처럼 임차인의 내부 환경도 생애 주기가 있다. 임차인이 입주하고 나서 시간이 지나면 사무집기나 업무 환경의 만족도가 떨어지기 시작한다. 한곳에 오래 임차를 했던 임차인이 사무실의 환경 개선을 해야 하는 시기가 되면 해당 빌딩에서 새로 인테리어 공사를 하기도 하지만 새로운 곳으로 이전하여 업무 환경을 개선하기도 한다.

[비상전력을 위한 비상발전기]

이외에도 사무실을 이전하는 이유로는 회사 내부의 정책이나 전략의 변화, 회사의 인지도나 이미지 개선하기 위한 것들도 있다.

새로운 사무실로 이전하는 사유는 임차인들마다 개별적인 사정과 상황도 영향이 있겠지만 주변의 경쟁 빌딩들이 공급이 될 때 가속화되는 경향도 있다. 왜냐하면, 신축 빌딩은 업무 환경이 쾌적하기 때문에 임차인들이 선호하기도 하고 임대 마케팅을 위해 무상 임대 기간을 제공하거나 인테리어 공사비 지원 등을 하는데 임차인들도 이를 활용하는 경우가 있어 사무실 이전에 직접 또는 간접적으로 영향을 주기도 한다.

02 임대료 및 관리비 종류와 임대 마케팅

임대료와 관리비의 종류

오피스 빌딩의 임대료는 기본적으로 임차인이 사용하는 전용공간과 다른 임차인들과 함께 사용하는 공용공간에 대한 면적을 합하여 임대료가 책정된다. 이렇게 임대료는 전용과 공용 공간을 사용하는 데 필요한 비용으로 월 단위로 부과하고 월 사용료에 대해 선지급받는 게 일반적이다. 보통 3.3제곱미터(1평)당 금액으로 임대료가 책정된다.

그리고 임차인이 사업의 목적상 전대차 계약을 하는 경우도 있다. 이때 전차인에 대한 책임을 모두 지고 임대인에게 임대료를 지급하는 형태의 계약을 책임 임대차계약 또는 마스터 리스(Master Lease) 계약이라고 한다. 오피스 빌딩에서는 주로 공유 오피스를 운영하는 임차인들이 이런 마스터 리스 계약을 활용한다. 리테일에서는 대형 마트나 백화점을 운영하는 임차인들이 많이 사용하는 방식이다. 또한 물류 부동산에서도 삼자 물류(3PL)를 하는 업체들이 마스터 리스를 활용하여 전체 공간을 임대하고 전차인에게 임차를 하는 사업을 한다.

이렇게 정해진 기본 임대료를 납부하는 방식 이외에 리테일 임차인들의 경우에는 매출과 연동하여 임대료를 지급하기도 한다. 예를 들어, 임차인의 매장에서 매월 발생하는 매출에 특정 비율을 곱한 만큼의 금액을 임대료로 납부하는 것이다. 입지가 좋은 리테일 매장이나 크지 않은 면적이지만 매출이 크게 발생하는 장소를 임대하는 경우에 임차인 수익의 일부를 임대인도 향유할 수 있는 장점이 있다.

이와 함께, 임대인은 임대료의 하방 위험을 제거하기 위해 최소 보장 임대료(MRG : Minimum Rent Guarantee)를 요구하기도 한다. 최소 보장 임대료는 임차인이 내야 하는 최소한의 임대료 하한을 정하는 것을 말한다. 예를 들어, 호텔 임대차계약의 경우 위탁 운영사에게 최소 보장 임대료를 적용하기도 하고 리테일 매장이 매출 연동 임대료일 경우에도 최소 보장 임대료 조항을 추가하기도 한다. 이런 계약은 임대인의 임대료 손실의 하한을 두는 것으로 현금흐름에 대한 안전장치를 마련하기 위한 임대료 부과 방식이다.

다음으로 관리비는 빌딩에서 기본적으로 제공하는 서비스에 대한 대가로 지급하는 비용이다. 보통 빌딩에서는 업무 시간의 냉난방 서비스 제공, 공용 부분 시설과 설비의 관리, 전용부의 바닥이나 벽면 청소, 쓰레기 수거 등의 미화 서비스를 제공하는 게 일반적이다. 다만, 이런 미화 서비스의 범위는 빌딩의 운영 기준에 따라 다소 상이할 수 있다. 이런 관리비도 임대료와 마찬가지로 3.3제곱미터(1평당) 기준으로 책정된다.

이외에 관리비에는 실비 관리비라는 항목도 있다. 이는 빌딩에서 정해진 기본 관리비 이외에 임차인이 실제 사용한 서비스나 에너지 비용 등에 대해 실비로 청구를 하는 관리비를 말한다. 실비 관리비의 종류는 다양한데 빌딩의 운영 기준에 따라 다르지만 다음과 같은 항목들로 구성된다.

실비 관리비

- 추가 설치된 장비 에너지 비용(서버룸, 각종 추가 기계 장비)
- 아케이드나 리테일 임차인의 온수 및 급수 사용
- 업무 외 시간 냉방 및 난방 제공 시
- 냉방 공급을 위한 열원(냉수 및 난방 공급)
- 업무 외 시간 연등 신청
- 스피드게이트 운영 시 출입 카드 구입비

임대 마케팅 지원 방식

빌딩에서 임대 마케팅을 하는 것은 주변 빌딩보다 더 나은 임차인을 유치하기 위한 경쟁에서 우위를 차지하기 위함이다. 물론 입지가 좋은 곳에 있는 프라임빌딩은 누구나 입주를 하고 싶어 하기 때문에 특별히 마케팅을 하지 않아도 기본적인 임차 수요가 있다. 하지만 시장 상황이 악화하거나 비슷한 시기에 많은 오피스 빌딩이 공급되는 시장이 되면 임대 마케팅을 통해 임차인을 적극적으로 유치하지 않으면 공실로 인해 빌딩 운영에 문제가 생길 수 있다.

상업용 부동산 시장의 임대 마케팅은 임차인에게 다양한 방법을 활용하여 지원을 해주고 빌딩에 입주할 수 있도록 하는데, 대부분 금전적인 혜택이 주를 이루고 있다. 가장 많이 사용되고 있는 방법은 무상 임대 혜택인 Rent Free를 활용하는 것이다. 영어 번역 그대로 임차인에게 임대료 납부를 면제하는 방식으로 지원하는 것이다.

예를 들어, 3년짜리 임대차계약을 했다면 무상 임대를 총4개월 제공하는 것이다. 그러면 임차인은 임대 기간 중에 첫 번째 연도에 2개월, 그다음 해의 첫 2개월 등의 순서로 임대료를 납부하지 않아도 되는 것이다. 즉, 임대료를 면제해 주면서 빌딩에 입주를 할 수 있도록 마케팅을 하는 방법이다. 일반 제품을 할인 마케팅하는 것처럼 임대료 할인을 해주면서 임차인의 관심을 끌고 입주를 할 수 있도록 유도하는 것이다.

임대인은 임대료를 면제해 주고 임차인을 유치하게 되면 단기적으로는 금전적 손해가 발생한다. 하지만 오피스 빌딩의 임차인의 특성상 한번 입주를 하면 투입 비용이 크기 때문에 오래 머물 가능성이 높아 임대료를 할인하더라도 장기적으로는 유리한 측면이 있다.

다음으로 많이 활용하는 마케팅 수단은 인테리어 공사비용의 지원이다. 영어로는 Tenant Improvement라는 용어를 사용한다. 줄여서 TI라고 부르는데, 이는 임대인이 해야 할 공사를 임차인이 하게 하고 그에 대한 재원을 지원해 주는 것이다. 지금은 보편적으로 많이 사용하고는 있지만 우리나라에서는 2011년 여의도 국제금융센터에 있는 ONF IFC의 오피스 빌딩에 입주했던 임차인들에게 처음 TI 지원금을 활용하여 마케팅을 했다.

해외에서는 Core and Shell 방식이라고 해서 빌딩을 준공할 때 천장이나 바닥 등의 마감을 하지 않은 상태에서 인도를 받고 마감재나 일부 공사를 추후 임차인이 들어오면 인테리어와 함께하는 방식을 많이 사용한다. 반면 국내에서는 대부분 시공사가 준공을 하면 빌딩을 임차인이 바로 입주할 수 있는 상태로 완성하여 인도하게 된다.

[벽면 및 바닥 마감재 설치 이전의 임대공간]

그리고 임차인이 입주를 하면 기존에 시공사가 설치했던 마감재를 철거하고 임차인의 기호에 맞게 새로 인테리어를 하다 보니 자원과 비용의 낭비가 있었다. 이렇게 준공하는 건물에 TI를 활용하는 것은 불필요한 공정을 없애 비용을 절감하고, 자원 절약 차원에서도 의미가 있는 마케팅 방식이라고 볼 수 있다. TI의 원래 취지는 준공 시 인테리어 공사를 지원하는 것인데 실제로 임대차 마케팅 시장에서는 준공 이후 운영되는 빌딩에서도 임차인 유치를 위해 재원을 따로 마련하여 활용하고 있다.

이외에 임차인 마케팅을 위해서 위한 방법으로 공사 기간 동안에 임대료와 관리비를 면제해 주기도 한다. 보통 신규 임차인이 입주를 하는 데 필요한 인테리어 공사 기간은 통상 짧게는 1~2개월에서 길게는 몇 개월까지 소요된다. 이 기간에는 임차인이 입주를 안 했기 때문에 임대료를 면제해 주는 것이다. 다만, 공간을 점유하고 공사를 하기 때문에 관리 비용이 발생하여 관리비를 부과하기도 하지만 경우에 따라서는 관리비까지 면제해 주기도 한다.

임대 전략

자산관리자는 빌딩에 대해 잘 알고 있기 때문에 전략적으로 임대가 잘될 수 있도록 임대 마케팅 계획을 세워야 한다. 보통, 임대 에이전트들은 임차인들이 선호하는 공간을 위주로 마케팅을 할 수 있기 때문에 이런 곳들만 먼저 채워지고 나면 세일즈가 잘 되지 않는 공간만 남게 되어 악성 장기 공실로 될 가능성도 높아진다. 따라서, 사전 임대 계획을 수립할 때 임차인들이 선호하는 층이나 위치를 파악하고 반대로 임대가 어려운 공간들도 구분해 놓고 마케팅 시에 이를 고려해야 한다.

예를 들어, 임대 공간 구획 시에 임차인들이 선호하는 공간과 임대가 잘되지 않을 것 같은 면적을 합쳐서 마케팅 하는 것도 방법이다. 임차인이나 임대 에이전트에 요청에 따라 공간 구획을 하다 보면 죽은 공간만 남는 경우가 발생할 수 있기 때문이다.

또한 임차인의 포트폴리오도 매우 중요하다. 임차인의 업종이나 면적, 계약 기간 등을 살펴보고 너무 편중된 곳은 없는지 살펴보는 게 좋다. 특정 연도에 임차인의 계약 종료 기간이 몰리지 않도록 계약 만기 시점을 조정하거나, 산업이나 업황에 큰 영향을 받을 수 있는 임차인들의 업종이 겹치는지도 살펴보고 이를 고려한 임대 전략을 수립해야 한다.

특히, 임대 시장 상황이 좋지 못해 부득이하게 한 층을 분할 임대를 해야 한다면, 미리 어떻게 공간을 분할하여 임대 계약을 할 것인지도 준비를 해야 한다. 한 층에는 최대 몇 개의 임대 공간으로 구성할지 검토해 보고 이에 맞춰 도면 분할도 준비해 놓으면 임대 협의 시 업무를 수월하게 진행할 수 있다.

이렇게 소규모 임차인들과 계약을 해야 할 때에는 추후 임차인들의 증평이나 중도 해지 등에 대한 상황도 고려할 필요가 있다. 따라서 계약 기간은 가급적 2~3년 내외로 짧게 체결하고 임차인의 상황에 따라 중도해지 조건이나 만기해지 통보에 대한 조건들을 추가할 필요도 있다.

03 표준 임대차계약서의 주요 항목과 내용

임대차계약서의 주요 항목

부동산 펀드나 리츠가 보유한 자산들의 임대차계약서는 보통 표준 계약서 형태로 만들어 놓고 임차인들과 협의 결과에 따라 계약서의 일부를 수정하여 사용한다. 대부분 부동산 전문 법무법인을 통해 작성하고 검토가 완료된 것으로 소유자에 따라 조금씩 다르기는 하지만 임대차계약서의 전반적인 내용은 유사하다.

부동산 자산관리자는 임대차계약서의 주요 항목들 가운데 어떤 것들이 운영에 영향을 주는 조항들인지 명확하게 알고 있어야 한다. 왜냐하면 자산의 운영과 관리의 기준은 임대차계약서에 체결된 내용을 근거로 하기 때문이다. 또, 임차인과의 분쟁이나 문제가 생기면 일반적으로 임대차계약서의 내용에 따라 협의를 하게 된다.

임대차계약서의 주요 항목들이 크게 계약 기본 정보, 비용 관련 사항, 편의 시설의 사용, 해지와 금지 사항 등의 내용으로 구성되는 게 일반적이며, 다음과 같은 내용들을 포함한다.

A. 계약 기본 정보 : 계약 기간, 임대면적, 층

● 계약 기간

오피스 빌딩의 임대차계약 기간은 주로 3~5년 정도 사이의 계약이 많다. 임차인에 따라 2년 내외의 짧은 계약도 있고, 10년 이상의 장기 계약을 체결하기도 한다. 만약, 계약 기간이 길면 임차인에게 제공하는 무상임대 기간이나 임대료의 중도 인상 등 다양한 조건들을 임대차 마케팅 시에 활용하여 계약에 활용할 수가 있다.

● 임대면적

임대면적은 공용면적과 전용면적 포함하여 계약을 한다. 사용하는 실제 면적은 도면으로 표기하여 임대차계약 부속서류로 포함한다.

● 층

고층 빌딩의 경우 임차인이 사용하는 층에 따라 임대료에 차등을 두어 책정하기도 한다. 또, 설계에 따라 엘리베이터를 효율적으로 사용하기 위해 저층부, 중층부, 고층부로 구역을 나눠서 사용자를 분산시킨다.

B. 비용 관련 : 보증금과 권리설정, 임대료 및 관리비, 무상임대, 납부일 등

● 보증금

보증금은 임차인이 임대료 및 관리비를 연체를 하거나 원상복구 미이행 시 비용 처리 등 임차인으로부터 발생할 수 있는 재무적 위험에 대한 안전장치 역할을 한다. 보통 오피스 빌딩의 보증금은 월 임대료의 10배 수준으로 책정된다. 그리고 임차인의 신용도에 따라 이를 가감하여 조정하기도 한다.

보증금을 10개월분의 임대료 수준으로 정하는 것은 보통 3개월

임대료와 관리비가 연체되면 임차인의 명도가 가능한 조항이 임대차 계약서에 포함된다. 따라서 이 시기부터 명도 협의를 하고 퇴거 시 원상 복구비용 등을 고려했을 때 임대인에게 금전적인 손실이 발생하지 않는 정도의 금액인 것이다.

보증금은 임차인 퇴거 시에 반환을 해줘야 하는 것으로 임대인이 임대차계약 기간 동안 수취하여 발생하는 이자수익은 임대인에게 귀속된다는 내용을 포함하는 게 일반적이다.

● 권리 설정

임대차계약을 체결하면서 임차인이 납부한 보증금과 임대 공간 사용에 대한 내용을 공적 장부에 기재하기 위해 권리 설정을 하게 된다.

1) 근저당

채무자(임대인) 또는 제3자가 점유를 이전하지 아니하고 채무의 담보로 제공한 부동산에 대하여 다른 채권자보다 자기 채권의 우선변제를 받을 권리를 말한다. 근저당권에서의 담보 채권은 장래에 증감, 변동할 수 있는 불특정 채권이 되어 설정 시에 채권 최고액을 설정한다. 담보를 제공하더라도 저당권자(채권자)가 담보물권을 가져가는 것은 아니고, 담보 제공자(채무자)가 계속해서 점유 또는 사용할 수 있으며, 매각까지도 할 수 있는 특징을 가지고 있다.

2) 전세권

물권으로 존속기간이 최소 1년이고 최장 10년까지 가능하다. 전세권이 선순위일 경우 하위 물권, 채권보다 우선하여 권리 주장이 가능하고 새로운 임대인에게도 권리 주장이 가능하다. 담보물권, 보증금을 반환받지 못하는 경우에 경매신청이 가능하다. 매각을 하려면 보증금을 반환하거나 새로운 매수자가 그 채무를 이어받아야 한다.

3) 임차권

채권으로 최장 20년까지, 선순위이어도 후순위 물권에 권리 주장의 순위가 밀린다. 채권이기 때문에 당사자들 둘 간의 관계이기 때문에 매각을 하면 새로운 매수자에게는 권리를 주장할 수 없다. 다만, 임차권을 등기함으로써 임차인의 대항력과 우선변제 요건을 유지하기 위한 방법으로 사용한다.

4) 질권

채무자 또는 제3자(물상보증인 : 채무자와 담보 제공자가 다른 경우)로부터 받는 목적물을 채무의 변제 시까지 유치하고, 변제가 없을 때에는 그 목적물을 환가하여 우선변제를 받을 수 있는 담보 물권이다. 질권은 유치적 효력과 환가적 효력이 있다. 유치적 효력이 없는 저당권과는 구별된다. 질권은 저당권과는 달리 목적물의 점유를 채권자에게 이전한다. 동산과 양도 가능한 권리(채권, 주식, 특허권, 예금 등)에 설정이 가능하고, 부동산에는 저당권만 설정이 가능하다.

5) 보증 보험

보증금 납부를 대신하기 위해 보증 보험에 가입하는 방법도 있다. 종종 외국계 회사들이 보증금 납부가 어려울 때 활용하기도 한다. 다만, 비용이 과다하여 자주 사용되지는 않는다.

● 임대료

임대료는 빌딩의 운영 정책에 따라 감정평가금액이나 시장에서 거래 사례로 통용되는 수준의 임대료를 책정하는데 층이나 조망, 임대 기간 등에 따라 임차인별로 차등 적용하는 게 일반적이다.

그리고 계약 기간 동안에 임대료를 인상하는 조항이 있는 경우에는 입주일을 기준으로 매년 조정하는 방식을 많이 사용한다. 다만, 이는 임차인과의 협의에 따라 다양하게 정할 수 있다. 인상 조건은 계약 기간 동안 정해진 인상률로 인상하거나 소비자물가지수와 비교하는 방식 등 여러 가지 방법으로 인상률을 정할 수 있다.

자산관리자가 운영하는 측면에서는 협의하여 인상률을 조정하기보다는 미리 정해진 비율에 따라 자동 인상이 되거나 인상률을 조건에 따라 확정할 수 있는 근거가 명시된 것이 훨씬 편리하다. 왜냐하면, 임차인과 협의를 통해 임대료를 조정하는 데에는 시간과 에너지가 많이 소비되기 때문이다. 무엇보다 협의가 제대로 되지 않는 경우가 많고, 급격한 인상을 하는 경우에는 합의점을 찾기도 어렵다.

● 관리비

관리비는 빌딩의 공용부와 전용부를 임차인이 편리하게 사용할 수 있도록 임대인이 제공하는 기본 서비스와 관련된 비용이다. 보통 관리비는 매년 1월 1일 자로 인상 조정하는 게 일반적이다. 또, 모든 임차인에게 기본 관리비는 동일한 단가를 적용하여 부과한다.

● 추가 관리비

기본 관리비 이외에 임차인 추가로 사용하는 서비스와 에너지 비용 등에 부과하는 것이 추가 관리비이다. 예를 들어, 업무 외 시간에 냉난방을 제공하거나 서버룸이나 추가 냉난방 장치의 설치로 인해 더 많은 전기를 사용하게 되면 이를 계산하여 부과하는 관리비를 말한다.

보통 오피스 빌딩의 일반 임차인 뿐만 아니라 리테일 임차인들 가운데 물을 많이 사용하거나 업무 시간 외에 사용하는 수도광열비가 많은 커피전문점이나 피트니스센터 등에 추가 관리비가 적용된다. 일반적으로 실제 사용량을 측정할 수 있도록 계량기 등을 설치하여 확인하고 사용량만큼의 추가 관리비를 청구한다.

● 무상임대

무상임대(Rent Free)는 임차인의 사용 면적, 임대차계약 기간, 임대료와 관리비 등을 고려하여 제공된다. 예를 들어, 3년간 6개월의 Rent Free가 제공된다고 하면 매년 2개월씩 3년에 나눠 적용하는 형태이다. 적용되는 시기와 기간은 임대차계약서에 상세하게 기술하고 해당 금액까지 명시하는 게 추후 운영 시 분쟁의 소지를 줄일 수 있다. 만약, 신용도가 약한 임차인이라면 무상 임대를 매년 시작되는 연초가 아닌 연말에 적용하여 임대차 기간 초기에 임대료 납부 여력이 있는지를 확인하는 것이 좋다.

● 임대료 및 관리비 납부일

임차인이 공간 사용에 대한 임대료와 관리비를 납부하는 날짜는 일반적으로 매월 10일이나 15일 등으로 선납 형태가 대부분이다. 펀드나 리츠가 보유한 투자용 빌딩에서는 임대료와 관리비를 하루라도 더 빨리 받는 것이 현금흐름의 확보나 운영상 도움이 되기 때문에 월초로 정하는 경우가 많다.

또한, 임대료와 관리비 납부일은 모든 임차인들에게 동일하게 적용을 해야 자산관리자가 운영을 하는 데 도움이 된다. 임차인의 사정에 따라 납부일을 다르게 정하면 여러 번에 걸쳐 입금 여부를 확인해야 하기 때문에 업무의 효율이 떨어진다.

C. 편의 시설 : 주차 대수, 창고 사용

● 주차 대수

빌딩의 주차 대수는 법적으로 정해져 있기 때문에 임차인에게 제공할 수 있는 공간은 한정적이다. 임대면적에 따라 무상으로 제공하는 무료 주차와 이외에 임차인이 추가로 비용을 지불하고 주차 공간을 사용하는 유료 주차가 있다. 임차인에게 배정하는 주차 대수는 전체 주차 공간을 운영하면서 외부 고객들이 방문했을 때 사용할 수 있는 공간들도 고려해야 한다.

● **창고 사용**

빌딩에서는 자투리 공간을 활용하여 창고로 임대하고 추가 수익을 창출하기도 한다. 빌딩에서 창고로 활용할 수 있는 공간은 운영하는 데 보안 문제가 없고, 사용할 때 이동 동선을 고려하여 장소를 선택해야 한다. 그뿐만 아니라 지하나 공조가 되지 않는 공간 등을 활용하다 보면 누수나 습기 등 위험 요소들이 있기 때문에 이런 환경들이 사용하는 데 큰 문제가 없을지 사전에 확인을 해야 한다.

D. 해지와 금지 사항 : 중도해지, 만기해지, 대금 납부 연체, 전대차 금지, 원상복구

● **중도 해지**

중도 해지는 임대차계약 기간이 만료되기 전에 계약을 해지하는 것을 말한다. 통상, 임대인과 임차인이 더 이상 사업을 영위할 수 없는 경우에 중도 해지를 할 수 있는 것 이외에 대부분의 임대차계약에는 중도해지가 없는 게 일반적이다.

다만, 경우에 따라서 임차인의 특수한 사정으로 계약 기간 내에 중도해지를 해야 하는 경우에 협의를 하여 넣기도 한다. 이렇게 계약에 따라 사전에 정해진 중도해지 외에 임차인이 일방적으로 해지를

하는 경우에는 대부분 중도해지에 따른 페널티 조항이 포함된다. 또, 중도해지 시에는 입주 때 받은 무상임대나 인테리어 공사 지원금 등도 반환하는 조항이 추가되기도 한다.

● 만기해지

임대차계약 종료 기간이 도래하여 계약이 해지되는 것을 만기해지라고 한다. 임대차계약 만기 시에 해지를 위해서는 일반적으로 3~6개월 전에 사전 통보를 하도록 계약서에 조항을 넣는 게 일반적이다. 이와 함께, 만기 해지에 대한 사전 통보가 없으면 1년 자동 연장이 되는 내용을 추가하여 사전 통지 없이 계약 기간이 자동 연장될 수 있도록 하기도 한다.

● 대금 납부 연체

임대료와 관리비를 임대차계약서에서 지정한 날짜에 납부하지 않을 경우에 연체료를 부과하게 된다. 연체 이율은 보통 연이율 18% 수준으로 부과하는 계약이 많고 납기일이 경과한 일수에 따라 일할 계산하여 부과한다. 또, 연체가 지속되어 수개월(보통 3개월) 이상 납부하지 않는 경우에 계약을 해지할 수 있는 조항이 함께 들어간다.

● 전대차 금지

임대차계약은 임대인과 임차인 간의 둘 사이에서 협의하여 체결한 것으로 임차인이 다른 임차인과 계약을 맺는 전대차 계약은 일반적으로 금지한다. 왜냐하면, 전차인에 대한 신뢰도를 확인하기가 어렵고 또 전차인과 문제가 생기는 경우에 관계가 복잡해져 해결 하기가 쉽지 않기 때문이다.

공유 오피스나 사업상 페이퍼컴퍼니 형태의 전대차계약을 체결해야 회사 등의 특수한 경우를 제외하고 통상 전대차 계약을 금지하여 운영상 발생할 수 있는 위험을 제거한다.

● 원상 복구

임대차계약이 종료되면 다른 임차인이 입주할 수 있는 상태로 사용했던 공간을 되돌려 놓는 것이 원상 복구이다. 이런 조항이 계약서에 있더라도 원상복구에 대한 기준을 명확히 해야 한다. 왜냐하면, 공사 범위에 대해 임대인과 임차인 간의 의견 차이가 있을 수 있기 때문이다. 따라서 입주 시에 원상 복구 범위도 협의를 하여 임대차계약서에 구체적으로 기술해 놓을 필요가 있다. 또, 원상 복구 공사 기간도 임대차 기간에 포함이 되며, 원상 복구가 종료되고 임대인의 확인이 완료된 이후에 보증금 반환이 진행된다.

04 임대차계약 정보의 관리

임대차계약 정보의 관리

임대차계약은 임차인들과 조금씩 다른 조건으로 개별적으로 체결하게 되는데, 임대 면적이 큰 대형 빌딩이나 프라임빌딩의 경우 임차인의 수가 많아지면 이를 체계적으로 관리해야 할 필요가 있다. 또, 임대차계약에 대한 정보는 업무를 하면서 활용하는 일이 많기 때문에 자료가 잘 정리되어 있으면 편리하다. 예를 들어, 운영 예산 작성, 임대료 및 관리비 청구, 재계약 협의 등의 업무를 할 때 이런 정보들이 필요하다.

그래서 임차인과 임대차계약을 체결하면서 계약의 내용 가운데 주요 사항을 정리해 놓은 임대차계약 요약(Lease Abstract) 문서를 만들어서 관리를 하는 게 좋다. 이렇게 요약 문서를 만들어 놓으면 매번 임대차계약서 원본을 찾아보지 않아도 된다. 다만, 임대차계약의 중요 내용을 작성해 놓고 반복적으로 사용할 것이기 때문에 문서 작성 시에 오류가 없도록 완벽하게 정리해야 한다.

[Lease Abstract 예시]

임대차계약 요약 및 분석

계약 체결일 : 2030.1.14
임대 종류 : 업무시설

변경계약 체결일 : 1st
2nd

□ 임대차 일반 정보

1. 임차인 정보

임차인명 : ㈜국내자산운용

임대 계약 번호 : 5층 - 1호
임대 호실 정보 : #0501

임대면적 (평): 500
전용면적 (평): 250
전용율 (%): 50%

주소 : 서울특별시 영등포구 여의도동 국내빌딩 14층
우편번호 : 07326
사업자등록번호 : 123-82-12345
업종 : 부동산개발업

담당자 이름 : 최미래
전화 번호 : 02-1234-5678
휴대전화 번호 : 01C-1234-56778
E-MAIL: CDD@numberoneamc.co.kr

2. 임대계약기간 및 보증금

임대 개시일 : 2030-03-01
임대 종료일 : 2035-02-28
기간 (개월수) : 60
임대차보증금 :

구분	납부 일자	비율	금액
계약금	계약 체결일	10%	50,000,000
중도금			
잔금	임대차계약 개시일	90%	450,000,000
합계		100%	500,000,000

3. 임대차계약 추가 조건

손해 배상 조항

내용 : 계약 중도 해지시 계약 기간 동안 받은 무상 임대 금액의 반환과 함께 3개월 분 임대료 관리비를 위약벌로 함.

증평 조건

내용 : 같은 층에 공실 발생 시 통지 후 30일 간 우선하여 임차할 수 있는 권한 부여.

재계약 조건

내용 : 재계약시 동일한 조건으로 추가 5년 계약 가능.

[Lease Abstract 예시]

4. 기타 사항

무료 및 유료 주차

주요 내용 : 무료 주차는 임대면적 100/3.3㎡당 1대를 제공하여 총 5대 제공
유료 주차는 추가로 5대 허용

창고 및 기타 사항

주요 내용 : 지하 공용 창고 10(3.3㎡) 무료 제공

5. 임대 관련 제반 비용

중개보수	지급 일자 :	입주일	금액 (원) :	10,000,000
공사지원금	지원 조건 :	500,000 원 / 전용면적	금액 (원) :	125,000,000
이사지원금	지원 조건 :	없음	금액 (원) :	

□ 임대료 청구 정보

1. 임대료 청구

임대료 청구 금액

월간 임대료 (원) : ______ 임대 기간 2030-03-01 ~ 2035-02-28

	기간		월별	월간	연도별	무상 임대	무상임대	연간
	시작	종료	임대기준가 / 3.3㎡	임대료	인상률	개월수	적용 금액	실질 임대료
계약기간 1	2030-03-01	2031-02-28	70,000	35,000,000		3	105,000,000	315,000,000
계약기간 2	2031-03-01	2032-02-28	72,000	36,000,000	3.0%	3	108,000,000	324,000,000
계약기간 3	2032-03-01	2033-02-28	74,000	37,000,000	3.0%	3	111,000,000	333,000,000
계약기간 4	2033-03-01	2034-02-28	76,000	38,000,000	3.0%			456,000,000
계약기간 5	2034-03-01	2035-02-28	78,000	39,000,000	3.0%			468,000,000
계약기간 6								
계약기간 7								
계약기간 8								
계약기간 9								
계약기간 10								

관리비 청구 금액

관리비 기준가 (원 / 3.3㎡) : 35,000 인상률 매년 3% 1월 1일자 인상

첫해 관리비 : 17,500,000

□ 기타 특약 및 조건

주요 내용 :

임차인의 현황 관리

자산관리자가 빌딩에 있는 임차인들을 관리하는 데 있어 필요한 가장 핵심적인 정보는 임대료와 관리비, 계약 기간 등이다. 왜냐하면 임대료와 관리비를 청구하고 계약에 따라 정해진 시기에 인상을 하고 계약 기간 관련 통지를 하는 것이 자산관리의 가장 기본적이 업무 가운데 한 가지이기 때문이다. 이를 위해 자산관리자는 임차인들의 계약 현황을 체계적으로 정리해 놓는데 이를 Rent Roll이라고 한다.

그리고 각층별로 어떤 임차인들이 입주를 하고 있고, 공실의 현황은 어떤지 한눈에 볼 수 있도록 도식화해 놓은 현황표를 Stacking Plan이라고 한다.

[Rent Roll 예시]

RENT ROLL

[2030년 1월 기준] (단위 : 3.3㎡, 원)

층	임차인	임대면적 (3.3㎡)	보증금		월 임대료		월 관리비		무료 주차	계약 체결일	임대기간		임대료 인상일자		관리비 인상일자		해지 통보	
			/ 3.3㎡	합계	/ 3.3㎡	합계	/ 3.3㎡	합계			시작	종료	날짜	인상률	날짜	인상률	만기	중도
9	임차인 1	482.75	450,000	217,235,700	45,000	21,723,570	25,000	12,068,650	15	2024-06-30	2024-07-12	2029-07-11	매 1년마다	협의	매년 1월 1일	협의	3개월전	3개월전
8		482.75	450,000	217,235,700	45,000	21,723,570	25,000	12,068,650										
7	임차인 2	340.00	450,000	152,999,550	45,000	15,299,955	25,000	8,499,975	6	2024-07-26	2024-08-20	2027-08-19		없음		없음	2개월전	3개월전
	임차인 3	301.29	450,000	135,580,500	45,000	13,558,050	25,000	7,532,250	5	2023-09-10	2023-10-01	2028-09-30		없음		없음	2개월전	3개월전
6	임차인 4	456.16	430,000	196,148,370	43,000	19,614,837	25,000	11,403,975	8	2024-06-28	2024-07-01	2029-06-30		없음		없음	2개월전	3개월전
	임차인 5	92.55	430,000	39,798,220	43,000	3,979,822	25,000	2,313,850	2	2024-04-27	2024-05-06	2029-05-05		없음		없음	2개월전	3개월전
	임차인 6	92.58	430,000	39,807,680	43,000	3,980,768	25,000	2,314,400	1	2024-07-31	2024-08-01	2027-07-31		없음		없음	2개월전	3개월전
5	임차인 7	327.34	430,000	140,755,340	43,000	14,075,534	25,000	8,183,450	6	2024-04-20	2024-05-01	2027-04-30	매 1년마다	협의	매년 1월 1일	협의	3개월전	불가
	공실	242.83																
	임차인 8	123.21	430,000	52,980,730	43,000	5,298,073	25,000	3,080,275	3	2022-06-21	2022-07-01	2027-06-30		없음	없음	없음	3개월전	불가
4	임차인 9	126.23	400,000	50,491,320	40,000	5,049,132	25,000	3,155,708	2	2024-04-20	2024-05-01	2027-04-30	매 1년마다	협의	매년 1월 1일	협의	3개월전	불가
	공실	201.11						-										
	임차인 10	123.21	400,000	49,284,400	40,000	4,928,440	25,000	3,080,275	3	2024-10-26	2024-11-01	2029-10-31	매 1년마다	MAX(5%/CPI)	매년 1월 1일	MAX(5%/CPI)	3개월전	3개월전
	공실	204.13																
	공실	38.70																
3	임차인 11	515.13	400,000	206,052,000	40,000	20,605,200	25,000	12,878,250	9	2023-09-01	2023-09-01	2028-08-31	매 2년마다	협의	매년 1월 1일	협의	2개월전	불가
	임차인 12	257.52	400,000	103,008,400	40,000	10,300,840	25,000	6,438,025	4	2024-04-28	2024-04-28	2029-04-27	매 2년마다	4%	매년 1월 1일	4%	3개월전	3개월전
2	임차인 13	397.05	400,000	158,818,000	40,000	15,881,800	25,000	9,926,125	11	2023-12-17	2024-03-10	2027-03-09		없음		없음	3개월전	불가
1	임차인 14	229.15	700,000	160,406,400	70,000	16,040,640	25,000	5,728,800										
1	커피숍 1	12.84	700,000	8,985,900	70,000	898,590	25,000	320,925	1	2024-04-19	2024-05-01	2029-04-30	매 1년마다	4%	매년 1월 1일	4%	3개월전	불가
B1-1	편의점	80.98	300,000	24,294,600	30,000	2,429,460	25,000	2,024,550		2024-04-19	2024-05-01	2029-04-30	매 1년마다	4%	매년 1월 1일	4%	3개월전	불가
B1-2	꽃집	39.44	300,000	11,830,500	30,000	1,183,050	25,000	985,875	1	2024-12-01	2024-12-01	2027-11-30	매 1년마다	MAX(4%/C)	매년 1월 1일	MAX(4%/C)	3개월전	불가
B1-3	커피숍 2	74.01	300,000	22,202,400	30,000	2,220,240	25,000	1,850,200	1	2022-08-01	2022-08-01	2025-07-31		없음	매년 1월 1일	없음	3개월전	불가
-	KT 중계기	-	1년 사용료 선납 / 매년 1월 1일 납부			86,708	-	-	-	2024-02-01	2024-02-01	2029-01-31	-	-	-	-	2개월전	협의
-	LG 중계기	-	1년 사용료 선납 / 매년 1월 1일 납부			209,450	-	-	-	2024-12-07	2024-01-01	2029-12-31	-	-	-	-	2개월전	협의
-	SK 중계기	-	1년 사용료 선납 / 매년 1월 1일 납부			68,333	-	-	-	2023-12-01	2023-12-01	2028-11-30	-	-	-	-	2개월전	협의
Total		5,240.93	379,306	1,987,915,710	38,000	199,156,062	21,724	113,854,208	78									

임대율	87%

[Stacking Plan 예시]

STACKING PLAN

(단위 : 3.3㎡, 원)

층	임대가능면적 (3.3㎡)	임대면적 (3.3㎡)	공실면적 (3.3㎡)	임차인 (임대면적)
9	482.75	482.75	-	임차인 1 482.75
8	482.75	482.75	-	임차인 1 482.75
7	641.29	641.29	-	임차인 2 340.00 / 임차인 3 301.29
6	641.29	641.29	-	임차인 4 456.16 / 임차인 5 92.55 / 임차인 6 92.58
5	693.38	450.55	242.83	공실 242.83 / 임차인 8 123.21 / 임차인 7 327.34
4	693.38	249.44	443.94	임차인 9 126.23 / 공실 201.11 / 임차인 10 123.21 / 공실 204.13 / 공실 38.70
3	772.65	772.65	-	임차인 11 515.13 / 임차인 12 257.52
2	397.05	397.05	-	임차인 13 397.05
1	241.99	241.99	-	커피프랜차이즈 1 12.84 / 패스트푸드점 229.15
B1	194.43	194.43	-	편의점 80.98 / 꽃집 39.44 / 커피프랜차이즈 2 74.01
B2				주차장
B3				주차장
B4				주차장
B5				주차장
B6				기계실
합 계	**5,240.96**	**4,554.19**	**686.77**	
%	**100.0%**	**86.9%**	**13.1%**	

자산관리자는 임차인 관련 핵심 정보들만 모아 놓은 Rent Roll과 Stacking Plan만 보면 빌딩 전체의 임차인 현황을 쉽게 파악할 수 있다. 이 정보들을 매월 주기적으로 정리하면 운영하는 자산의 수익과 공실률의 변동 상황을 전체적으로 파악할 수 있다.

05 임대차계약의 변경과 임대료 및 관리비의 조정

임대차계약의 변경

자산관리자는 입주 시에 체결한 임대차계약을 계약 내용이나 상황에 따라 변경을 해야 할 때도 있다. 예를 들어, 임차인이 더 많은 공간을 사용하기 위해 증평을 하는 경우도 있고, 반대로 사용하던 면적을 줄이는 감평을 하기도 한다.

증평은 임대인에게 좋은 상황이기 때문에 적극적으로 협의를 하여 인접 공간이나 같은 층에 필요한 공간을 제공하면 된다. 부득이 다른 층으로 이전을 해야 한다면 무상 임대 같은 임차인에게 제공 가능한 혜택을 유연하게 활용하여 임대 면적 확장에 도움이 될 수 있도록 해야 한다.

반면에 감평은 임차인이 계약 체결 시 약속했던 사항들을 제대로 이행하지 못한 상황이 된 것이다. 따라서 계약 조건에 따라 입주 시 제공받았던 무상 임대, 인테리어 공사 지원금 등의 혜택들에 대한 반환이 필요한지 검토해야 한다. 또한, 임차인이 감평을 하게 되면 축소되는 면적에 대한 원상복구도 협의해야 한다.

이외에 임대차계약을 변경하는 경우는 계약 기간의 변경이 있다. 면적은 그대로 유지하지만 정해진 계약 기간을 다 채우지 못하는 경우 협의하에 계약기간을 변경하는 것이다. 이는 계약에 따라 다르겠지만 중도해지에 준하는 페널티가 임차인에게 부과되는 게 일반적이다.

자산관리자는 임대차계약을 변경하는 경우에는 체결된 계약서의 내용을 면밀하게 검토하여 비용의 정산이나 페널티 부과 여부 등을 사전에 파악하고 임차인에게 명확하게 설명해야 한다. 임차인이 변경 계약을 검토할 때 관련 내용을 자세히 설명해 주면 조금 더 원활하게 업무를 진행할 수 있다. 변경 계약을 할 때에는 기존 계약에서 변경되는 조항만을 정리하여 간결하게 변경 계약서를 만들어 체결한다.

가끔씩 부동산 펀드나 리츠에서 작성한 임대차계약서를 제대로 검토하지 않고 업무를 진행하거나 해석하는 데 어려움을 겪는 임차인들도 있기 때문에 자산관리자가 관련 내용에 대해 충분히 설명해 준다면 임차인도 불필요한 시간을 줄이고 조금 더 효과적으로 계약 변경에 대한 협의를 할 수 있을 것이다.

보증금, 임대료 및 관리비의 조정

임대차계약서에는 일반적으로 계약 기간 동안 보증금과 임대료 및 관리비 조정에 대한 조항이 포함되어 있다. 보증금 같은 경우는 처음 입주할 때 받은 보증금을 인상하지는 않는 게 일반적이다. 왜냐 하면, 보증금을 인상하면 이자 수입이 조금 더 늘 수 있겠지만 이를 위해 계약을 변경하는 것은 큰 실익이 없기 때문이다. 또한 보증금이 조정되면 이와 관련하여 설정한 근저당이나 전세권 등의 내용을 변경해야 하는 번거로움이 있을 수 있다.

임대료와 관리비의 조정은 시장 임대료 수준이나 물가 인상 요인 등을 반영하기 위한 것이다. 만약 임대차계약서 정해진 시기에 임대료와 관리비의 조정에 대한 사항이 있다면 임대차계약서에 정한 시기에 맞춰 조정된 임대료와 관리비를 청구하면 된다.

그렇지 않고, 임대료와 관리비의 조정이 임차인과 협의 후에 하는 것으로 되어 있다면 계약서에 나와 있는 사전 통지 기한에 맞춰 임차인에게 통지를 하고 충분한 시간을 두고 진행하는 것이 좋다. 임대료와 관리비의 조정을 위해 임차인도 내부적인 승인 절차 등이 필요할 것이기 때문에 이런 시간들을 감안하여 협의를 진행할 필요가 있다.

임대료의 조정은 임차인마다 입주 시기가 다르기 때문에 사전에 협의해야 할 시기를 잘 정리해 놓아야 한다. 그래야 착오 없이 임대료 인상을 진행하고 그에 맞는 임대료를 청구할 수 있기 때문이다. 관리비의 경우 대부분 매년 1월 1일을 기준으로 일괄적으로 인상한다. 이때 관리비 인상에 대한 근거 자료나 설명 자료를 준비해 두면 임차인과 협의 시에 수월하게 업무를 처리할 수 있다.

이렇게 변경된 임대료와 관리비는 변경 계약서를 작성하여 날인을 하면 완료가 된다. 경우에 따라서는 변경 사항에 대해 공문을 주고받아 이를 증빙으로 보관하기도 한다.

PART 05

자산관리자의 주요 업무

자산관리자의 주요 업무 05

01 임차인 입주 중 주요 업무

임차인 입주 중 업무

자산관리자는 임차인마다 발생하는 각각의 업무에 시시각각 대응을 하고 업무 처리가 지연이 되지 않도록 스케줄 관리를 잘해야 한다. 여러 임차인에게 대응을 하다 보면 제때 회신을 못 하거나 업무 처리의 우선순위 판단을 잘못하여 민원으로 이어지기도 한다. 자산관리자는 다양한 업무를 동시에 해결해야 하는 일이 많기 때문에 FM 팀에게 적절하게 권한을 위임하여 원활하게 문제를 해결할 수 있도록 할 필요도 있다.

임차인이 입주하고 나면 자산관리자는 빌딩에서 발생하는 다양한 일상 업무들을 처리하게 된다. 이런 업무들은 빈번하게 생기는 기본적인 일들이지만 어떻게 관리하고 적절하게 대응하느냐에 따라 임차인이 빌딩에 머무는 생애 주기를 더 연장할 수도 있다.

자산관리자가 담당하는 임차인은 자산의 상황에 따라 단일 임차인일 수도 있지만 때로는 수십 개의 임차인을 관리해야 할 수도 있다. 반면, 임차인의 입장에서 자산관리자는 나를 위해 일을 해주는 일대일의 관계로만 생각하지 얼마나 많은 임차인을 관리해야 하는지는 크게 관심이 없다.

따라서 임차인 관련 업무를 처리하는 데 있어 지연이 발생할 가능성이 있거나 당장 대처가 어렵다고 예상이 된다면 임차인과의 커뮤니케이션을 통해 진행 일정을 공유하고 언제 회신을 줄 수 있는지 미리 설명을 해준다면 업무 처리 지연으로 인한 민원 발생을 줄일 수 있다.

그러면 임차인이 입주하고 있는 동안에 자산관리자가 주로 처리해야 하는 일들에는 어떤 것들이 있는지 하나씩 살펴보도록 하자.

1. 운영 관련 중요 사항 안내	2. 임대료와 관리비 인상	3. 전대차 계약 및 사업장 사용승인	4. 연체 임차인 관리
• 임대료 및 관리비 청구 • 시설물 점검 및 각종 공사 일정 안내 • 각종 훈련 및 행사 정보	• 임대차계약서상의 통지 시기 확인 • 인상을 위한 근거자료 만들기	• 임차인 사업 관련 전대차 계약의 승인 • 전대차 계약의 관리	• 연체의 유형 파악 • 내용증명의 발송 (계약의 이행) • 명도소송 및 제소전화해

(1) 운영 관련 중요 사항 안내

자산관리자의 주요한 업무 가운데 하나는 운영을 하면서 발생하는 다양한 일들에 대해 임차인에게 공지를 하는 일이다. 가장 기본적으로 해야 하는 것은 임대료와 관리비의 청구이다. 임대료와 관리비는 제때 납부하지 않으면 연체료가 발생하기 때문에 혹시라도 담당자 변경 등으로 납부 공문이나 일정을 확인하지 못하는 경우도 있어 이메일 발송 시에는 반드시 수신 여부를 확인할 필요가 있다.

그리고 빌딩에서는 정기적으로 해야 하는 점검이나 신규 임차인의 인테리어 공사 또는 수선 유지 공사 등이 진행될 수 있다. 이런 계획이 잡히면 사전에 일정을 공유하고 이로 인해 발생 가능한 불편함이나 통제사항 등을 사전에 충분히 알려야 민원을 줄일 수 있다.

(2) 임대료와 관리비 인상

앞서 살펴본 것처럼 임차인과 입주 시에 체결된 임대차계약에 따라 임대료와 관리비가 인상되는 경우 자산관리자는 이를 협의해서 변경해야 한다. 사전에 정해진 기한에 따라 인상에 대한 통지를 하고 변경 계약서나 합의서를 체결해야 한다.

임대료와 관리비 인상은 계약에 따라 정해진 인상률로 확정된 계약도 있다. 그렇지 않고 인상률을 협의를 한다거나 소비자물가지수와 연동하여 변경되는 방식일 때에는 그에 따른 근거 자료들을 정리하여 임차인과 협의하여 최종 인상금액을 확정해야 한다.

(3) 전대차 계약 및 사업장 사용승인

빌딩의 임차인은 고유의 비즈니스를 하면서 별도로 다양한 사업을 하는 경우도 있다. 그런 경우 사업자등록증을 필요로 하는데, 그러기 위해서는 물리적인 공간을 확보하고 그에 대한 증빙으로 임대차계약서가 필요하다. 이때 새로운 법인의 사업자등록 발급을 위해 전대차계약을 요구하는 일이 종종 발생한다.

일반적으로 임대차계약서를 체결할 때에는 전대차 계약을 허용하지 않는다. 다만, 임대인의 사전 동의를 통해 제한적으로 허용하기도 한다. 예를 들어, 부동산 펀드나 리츠가 페이퍼컴퍼니 형태로 사업장을 개설하거나, 재무 회계의 목적상 법인을 구분하고자 하는 경우 등에 한하여 전대차 계약을 허용해 주기도 한다.

그리고 전대 사업이 비즈니스 모델인 공유 오피스가 입주하면 전대차 계약서를 수시로 체결해야 하는데 이런 경우는 사업장 사용승인 신청서 등의 간소화된 양식을 만들고, 협의하여 업무처리를 쉽게 할 수 있도록 하는 것이 좋다.

(4) 연체 임차인 관리

자산을 운영하는 과정에서 가장 힘들고 어려운 상황 중 하나가 연체 임차인이 발생하는 것이다. 우선 연체가 발생하면 그 원인이 단순한 업무 실수에 의한 것인지 아니면 임차인에게 심각한 문제가 발생해서 생긴 것인지 먼저 파악해야 한다.

만약 연체가 반복적으로 발생하고 그 횟수가 계약서에서 명시한 계약 해지 조건에 부합하는 상황이라면 계약서에 있는 절차대로 이행해야 한다. 연체에 대한 내용을 이메일이나 내용증명 우편으로 통지하고 임차인과의 면담을 통해 연체의 원인과 연체 대금의 납부 계획 등을 확인하고 납부 일정에 대한 내용을 포함한 공문이나 이메일 등을 받아놓도록 한다.

만약 정상적으로 회복하기 어렵다고 판단되면 명도 소송을 검토하거나 제소전화해가 체결되어 있다면 그에 따른 조치를 취하고 임차인의 명도를 진행해야 한다.

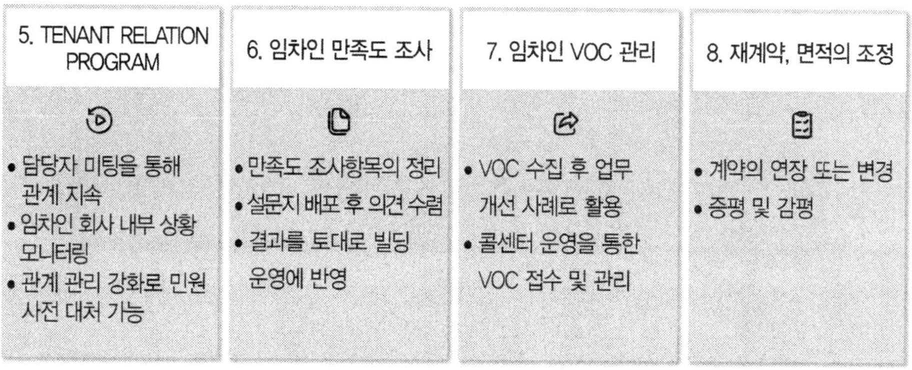

(5) 임차인 관계 유지(Tenant Relation Program)

임차인과의 관계 유지는 자산관리자가 중요하게 여기고 관리해야 하는 업무 가운데 하나이다. 자산관리라는 것은 임대차계약이나 관련 운영 규정 등에 따라 처리해야 하지만 모든 일이 정해진 절차에 따라 원활하게 마무리가 되는 것은 아니다. 경우에 따라 운영 방식과 관련하여 임차인으로부터 민원을 받기도 하고, 운영 과정에서 발생한 실수로 인해 임차인과의 관계가 불편해지는 일도 생긴다.

이럴 때 임차인과의 관계를 잘 맺어 놓았다면 자산관리자가 처리하기 어려운 일이나 곤란한 상황이 발생했을 때 원만하게 업무를 처리하거나 오히려 임차인으로부터 도움을 받을 수도 있다.

[IFC의 공용공간을 활용한 임차인 행사]

임차인과의 관계 관리는 점심 식사나 가볍게 차 한잔 마시기 등 잦은 접촉을 하면서 친밀도를 높이는 것부터 시작할 수 있다. 이외에 정기적으로 임차인이 참여할 수 있는 행사를 하거나 회사의 입주 기념일 또는 창립 기념일 등을 챙기는 등의 다양한 방법을 시도해 볼 수 있다.

또한 이런 임차인과의 관계 관리 활동을 통해 그 회사의 내부 상황에 대해 알 수 있고, 추후 민원이 발생했을 때에도 원만하게 해결할 수 있는 임차인과의 관계를 유지시켜 준다.

(6) 임차인 만족도 조사

자산관리자는 빌딩을 사용하는 임차인의 만족을 최우선으로 해야 한다. 왜냐하면, 부동산 투자 상품의 수익을 내기 위해 자산관리를 하는 것으로 임대공간을 판매해서 매출로 연결해야 하는 목적이 있기 때문이다. 이를 위해서는 공간을 사용하고 있는 임차인이 만족하지 못한다면 계속해서 상품을 판매할 수가 없게 된다. 결국 임차인이 만족하지 못한다는 것은 임대공간이라는 상품이나 그와 관련된 서비스의 품질에 문제가 있는 것으로 해석할 수 있다. 따라서 빌딩의 사용자인 임차인이 어떤 생각을 가지고 있는지 만족도 조사를 통해 확인할 필요가 있다.

보통 대형 빌딩에서는 주기적으로 임차인 만족도 조사를 한다. 자산관리자의 관점이 아닌 실제 사용자들은 빌딩에서 제공하는 서비스에 대해 어떻게 느끼고 있는지 또는 어떤 점들을 개선하면 좋을지 등에 대한 사용자들의 의견을 청취하는 것이다.

임차인 만족도 조사를 할 때에는 임차인의 담당자로부터 의견을 듣는 것보다 무작위로 빌딩 사용자들의 피드백을 청취하는 게 더 좋다. 예를 들어, 모바일이나 인터넷 등을 활용하여 설문을 만들어 참여자들에게 기프티콘이나 모바일 티켓 같은 가벼운 선물을 제공하여 적극적인 참여를 유도하는 것도 좋은 방법이 될 수 있다.

(7) 임차인 VOC 관리

임차인 만족도 조사와 비슷한 관점에서 평소 임차인들로부터 접수되는 민원이나 요청 사항에 대해서도 자산관리자는 관심을 가져야 한다. 빌딩을 운영하는 가운데 정기적으로 접수된 민원을 살펴보면서 어떤 유형의 문제들이 자주 발생하는지 점검하고 이를 해결하려면 어떤 점을 개선해야 하는지 고민할 필요가 있다.

이런 문제들이 생기는 것이 FM 인력의 교육 미비로 인한 문제점인지 아니면 근본적으로 건축 설비나 시설의 개선이 필요한지 등을 면밀하게 살피고 동일한 민원이 발생하지 않도록 적극적으로 해결책을 찾아야 한다. 임차인의 VOC는 빌딩의 운영을 개선하는 데 좋은 피드백이 될 수 있어 추후 예산 편성 시 이를 반영하는 계획을 수립하는 데도 활용할 수 있다.

(8) 재계약 및 면적의 조정

임대차계약 기간이 종료되면 임차인은 특별한 이유가 없다면 재계약을 통해 그 기간을 연장한다. 자산관리자는 재계약 시점이 다가오면 임대차계약 조항에 따라 재계약 진행 여부를 통지하고 재계약 조건에 대해 협의를 해야 한다. 재계약은 신규 계약 때처럼 많은 시간과 에너지가 소모되지는 않지만 그래도 충분히 시간적 여유를 두고 진행해야 계약 만료 전에 연장 계약 체결을 완료할 수 있다.

그리고 앞서 살펴본 것처럼 임차인은 계약기간 만료 전이라도 업황에 따라 계약을 변경해야 하는 경우가 발생하기도 한다. 사업이 번창하여 더 많은 공간을 쓰기 위해 증평을 하기도 하고 업무 공간이 줄어들어 면적을 축소하는 감평을 요구하기도 할 것이다. 이럴 때 자산관리자는 면적을 조정하는 협의를 하고 계약도 변경해야 한다.

02 임대료 및 관리비의 청구와 각종 비용의 지급

임대료 및 관리비의 청구와 미수금의 관리

앞서 간단하게 설명했던 것처럼 자산관리자가 빌딩 운영 중에 해야 하는 가장 중요한 일 가운데 하나가 임대료와 관리비를 청구하는 것이다. 매월 임차인에게 정해진 기일에 청구를 하고 미납이 발생하는지 여부를 확인하는 절차가 가장 기본적인 업무이다.

기본 임대료와 관리비 이외에 실비 관리비가 있다면 이에 대한 상세 내역도 사전에 준비하여 청구 내용이 정확한지 검토를 해야 한다. 준비가 완료되면 이메일이나 청구 공문 등을 작성하여 납부 기일 전에 임차인이 내부 결재나 입금 준비를 할 수 있도록 여유 있게 자료를 송부해 주어야 한다.

만약, 납부 기일까지도 입금이 되지 않았다면, 임차인별로 확인해보고 사전에 연체가 발생하지 않도록 다시 한번 담당자에게 연락하여 주지를 시켜줄 필요가 있다. 왜냐하면 연체가 발생하게 되면 연체료 납부를 위해 담당자들과 불필요한 행정 업무가 발생할 수 있어 실수로 인해 발생하는 연체를 예방할 수 있도록 사전 확인을 할 필요가 있다.

만약, 단순한 실수로 발생하는 연체가 아니라면 임차인 담당자를 통해 어떤 상황인지 파악을 해야 한다. 그리고 지속적인 미납이 발생하는 임차인이라면 계약서에 따라 연체에 대한 통지를 하고 회수 가능성이 불투명하다면 명도 준비를 하는 것이 좋다.

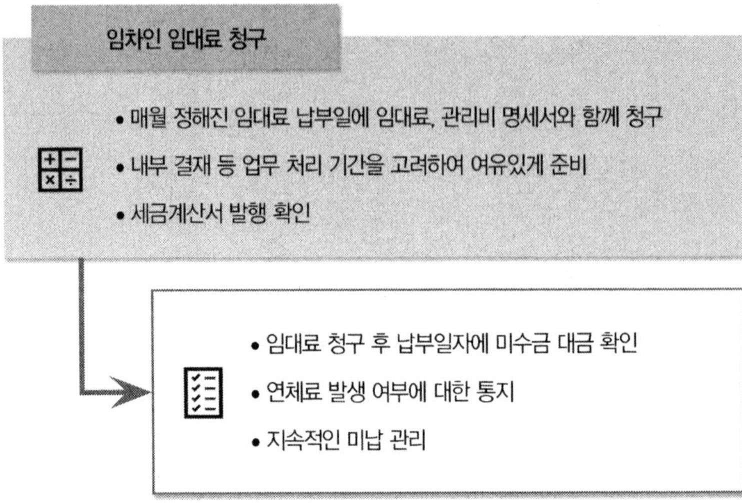

운영 비용의 청구와 각종 비용의 지급

부동산 펀드나 리츠가 보유하고 있는 자산들은 대부분 전문 자산관리회사(PM)에 업무를 위탁한다. 그리고 PM 회사는 다시 인력 수급을 해주는 FM 회사와 하도급 계약을 맺는다. 그리고 이외에 다양한 건축 설비들을 관리하거나 수선을 해야 하는 일이 생기는데 이때는 외부업체들과 유지 보수 계약을 맺거나 일회성 계약을 맺어 업무를 처리한다.

이렇게 자산관리자는 임차인으로부터 임대료와 관리비를 청구하는 수입 측면의 업무도 있지만, 자산 운영을 위해 외주 업체와 계약을 통해 비용 지급 처리해야 하는 업무들도 있다. 이런 각종 비용들에 대한 지급 업무도 효과적으로 처리할 수 있도록 회계 처리나 대금 지급일에 대한 명확한 기준을 확립해 놔야 한다.

외주 용역비 중에서는 FM 회사에 지급하는 인건비가 가장 큰 항목을 차지한다. 이런 용역비를 지급할 때에는 예산 대비 인력이 제대로 투입되었는지 확인하고 계약에 맞게 용역비를 지급하는지 확인해야 한다.

이외에, 외부 업체를 사용하여 지급하는 외주 용역비의 지급은 계약 주체에 따라 PM 회사가 할 수도 있고 FM 회사를 통해 처리할 수도 있다. 계약 방식이나 기준은 정해진 것은 없지만 대금 지급 관계나 업무 처리 이후 자금이 집행되는 전체적인 절차를 검토하여 업무 완료 후 업체에게 지급되는 비용이 신속하게 처리될 수 있도록 신경을 써야 한다.

세금 및 수도광열비 등은 소유자나 사용자 명의로 부과가 되는 비용인데, 운영 업무상 소유자를 대신하여 납부 후에 대금을 추후 지급받기도 한다.

자산관리자는 자산 운영 과정에서 발생하는 모든 수입과 비용을 관리하는 게 주된 업무이다. 무엇보다도 빌딩 운영의 결과로 발생하는 순운영이익(Net Operating Income)이 목표치를 달성할 수 있도록 관리를 하는 데 초점을 맞춰야 한다.

빌딩 운영을 위한 인력 비용 : FM(Facility Management)

- FM 회사의 주 수입원은 FM 운영 인력에 대한 인건비 청구
- 빌딩 운영 시 발생하는 비용 중 가장 큰 비중을 차지

- FM 용역 계약 형태에 따라 비용 청구 범위가 달라짐
- 매월 지출한 인건비와 소모품 등 실제 사용 금액을 청구하는 방식
- 정해진 고정 용역 대금을 지급하고 그 범위 내에서 사용하는 방식

유지 보수비, 각종 비용 및 돌발 비용 지급 처리

빌딩 운영을 위해서 외부 업체와 맺은 유지 보수 계약들은 매월 또는 정기적인 업무 이후에 비용을 지급해야 한다. 이런 유지 보수 비용은 보통 예산 책정 시 미리 반영되어 있어 절차에 따라 지급을 하면 된다.

반면, 자산 운영을 하면서 예상치 못한 고장이 발생하거나 사고 등으로 예정되지 않은 비용을 집행해야 할 수도 있다. 이런 돌발 비용은 예산 수립 시 월별로 일정 규모 이상의 금액을 설정해 놓고 긴급 상황 발생 시 예산 항목에 없던 비용들을 처리할 수 있도록 준비한 뒤 사용한다.

이렇게 외부에 지급되는 비용을 처리할 때에는 예산 수립 시에 적용한 내부 회계 처리 지침을 준수하는 게 좋다. 자산관리자는 업무 처리를 하는 게 우선이지만 펀드나 리츠를 통해 자산을 운영하는 경

우에는 회계 처리 절차도 매우 중요하다. 따라서 자금을 집행하는 부서와 지급 처리 시에 어떤 회계 계정과 항목을 사용할지 여부를 사전에 협의를 한다면 행정적인 절차 때문에 시간을 낭비하는 일 없이 원활한 업무를 할 수 있다.

유지 보수 비용의 처리

- 빌딩 운영에 필요한 외부 전문 업체와의 유지 보수 계약
- 점검 주기나 기간에 따라 계약을 체결하고 완료 후 비용 지급
- 긴급 수선 등 돌발 비용은 사전 예산 범위 내에서 처리

내부 회계 처리 지침 준수

- 회사 내부 비용 처리 규칙 준수(결재 및 처리 절차)
- 내부 대금 지급 기일을 확인하고 여유 있게 사전 준비
- 회계 처리 계정, 지급 후 증빙 자료 보관 및 관리 협의

03 임차인과의 관계 관리

임차인의 유지 및 관리의 중요성

오피스 빌딩에서 임차인은 수익의 원천이자 공간을 사용 수익하는 고객이다. 빌딩 운영에 있어 고객인 임차인을 오랫동안 머물게 하는 것은 자산의 수익을 증대시키는데 매우 효과적인 방법이다. 이는 기존 임차인이 퇴거를 하고 새로운 임차인을 유치할 때 발생하는 일들을 생각해 보면 알 수 있다.

만약 공실이 생기면 새로운 임차인 유치를 위해 마케팅 활동을 해야 한다. 임대 안내문을 만들어서 배포해야 하고, 가망 임차인이 방문을 하면 자산에 대한 소개를 하고 관련 직원들이 현장 투어도 진행해야 하는데 이로 인해 발생하는 시간과 비용의 손실도 적지 않다.

또한, 공실이 오래 지속되면 그 기간 동안 임대료 및 관리비 손실도 계속 누적된다. 다행히 임대가 되어 임차인이 들어오게 되면 수익이 발생하겠지만 중개 보수, 임차인에게 제공하는 무상 임대, 공사 지원금 등의 비용이 발생할 수 있다. 뿐만 아니라 임차인이 입주하면서 인테리어 공사를 하는 과정에서 발생하는 부수업무를 처리해야 하고 이와 관련된 민원도 해결해야 한다.

게다가 임차인이 퇴거하는 과정에서 자산관리자와 FM 팀에서 신경 써야 할 일도 많아진다. 임대료 및 관리비의 정산, 권리 설정의 해지, 원상복구의 관리 등으로 여러 가지 부수적인 업무를 해야 한다.

결국 임차인이 빌딩을 떠나지 않고 재계약을 하거나 장기로 머문다는 것은 운영비용의 절감은 물론 불필요한 업무를 없애 주는 효과가 있는 것이다.

임차인 계약 유지로 인한 비용 절감 효과
• 신규 임대를 위한 마케팅 비용 절감 • 임대 시 지급되는 중개 보수 절감 • 임차인 퇴거 시 발생하는 업무 감소 • 신규 입주 시 발생하는 인테리어 공사 등으로 인한 민원 감소

임차인이 원하는 것

다음에 나오는 도표에서 보는 것처럼 미국 빌딩 소유자 및 관리자 협회인 BOMA의 조사에 따르면 임차인이 빌딩을 선택할 때 가장 먼저 고려하는 요소는 임대료와 비용인 것으로 나타났다. 이와 함께, 부동산이 가지는 위치적인 요인은 물론 그 안에서 근무를 할 때 느끼는 서비스적인 요소들도 중요하다는 것을 알 수 있다.

이런 서비스 요소는 자산관리자가 빌딩을 어떻게 운영하고 관리하느냐에 따라 변화시킬 수 있는 여지가 많다. 따라서 임차인이 어떤 서비스나 편의 시설들을 원하는지 확인하고 운영 과정에 반영하거나 개선할 수 있는 사항들이 있는지 자산관리자는 고민해야 한다.

그리고 자산관리자는 임차인 담당자에게서 청취하는 내용과 제안사항을 참고하는 것뿐만 아니라 일반 사용자의 시선에서 건물의 운영을 바라볼 필요도 있다. 간혹 임차인의 담당자들은 본인이 담당하고 있는 업무가 늘어나거나 관여해야 되는 사항들이 있다면 정확한 정보를 제공하지 않거나 불편하더라도 그냥 넘기려는 경향이 있기 때문에 자산관리자는 이런 점에 유의하여 의견을 취합하고 해석해야 한다.

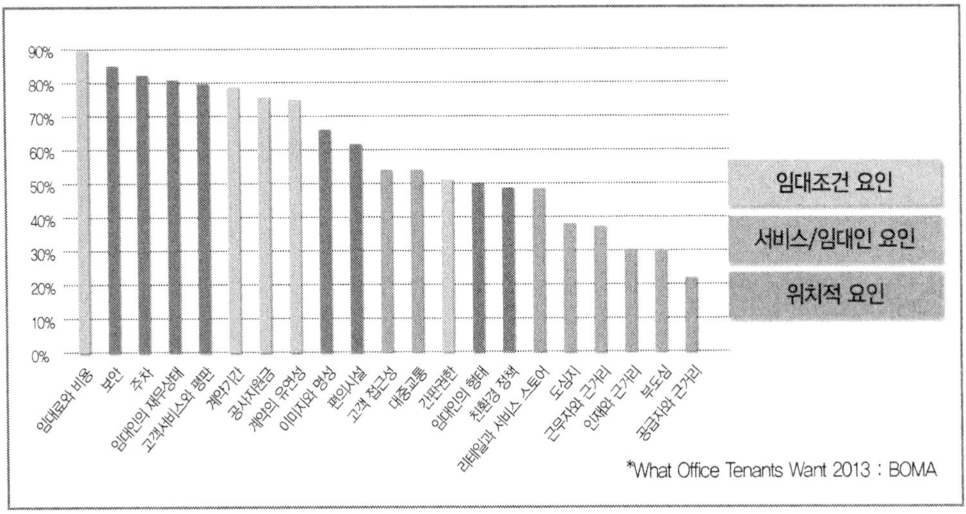

*What Office Tenants Want 2013 : BOMA

임차인이 높이 평가하는 항목

다음에 나오는 도표에서 임차인들이 빌딩을 평가할 때 어떤 항목을 중요하게 생각하는지를 살펴보면 자산관리 서비스에 대한 만족도가 높은 순위를 차지하고 있는 것을 볼 수 있다. 오피스 빌딩의 특성상 한정된 공간에서 머무는 시간이 많기 때문에 서비스에 대한 부분이 중요할 수밖에 없다.

또, 자산 관리팀과의 커뮤니케이션도 임차인들은 중요하게 생각한다. 보통 자산관리자가 담당해야 하는 임차인이 다수이다 보니 시간과 물리적인 한계로 임차인과의 소통이 소홀해질 수 있다. 따라서 자산관리자는 임차인과의 정기적인 면담이나 방문을 통해 관계를 잘 유지해 나가는 것도 자산의 가치를 높이는 한 가지 방법이라고 생각하고 이를 꾸준하게 실천할 필요가 있다.

평가 분야	상관관계(최고점 1)
자산관리 서비스 전반	0.780
전반적인 빌딩의 수준	0.740
자산 관리팀의 커뮤니케이션	0.697
시설관리/엔지니어링	0.678
빌딩의 실내환경과 보건위생	0.670
임대 절차	0.658
회계	0.639
빌딩 편의시설	0.630
냉난방	0.614
로비와 공용공간	0.609
화장실	0.608
쓰레기 처리	0.607
빌딩의 친환경 정책	0.588
빌딩의 외관	0.582
보안	0.563
재활용	0.559
미화	0.554
엘리베이터	0.526

범례
서비스 요소
물리적 요소
건강/지속 가능 요소

*What office Tenants Want 2013:BOMA

임차인과의 커뮤케이션

위에서 살펴본 조사 자료들에 따르면 임차인들이 원하는 요소는 물리적인 요소나 입지도 중요하지만 서비스와 관련된 요구가 많다는 것을 확인할 수 있다. 또, 지속적이고 반복적인 커뮤니케이션을 통해서 임차인과의 관계 관리를 유지해 나가고 그런 과정 속에서 빌딩 운영의 문제점이나 개선이 필요한 사항을 확인하는 게 중요하다는 것도 알 수 있다.

따라서 자산관리자는 빌딩을 사용하는 임차인의 만족도 조사를 진행하거나 다양한 임차인 관계 관리 프로그램을 만들어서 사용자들의 의견을 청취하고 함께 교감하는 시간을 갖는 것이 필요하다.

[BOMA 임차인 설문 조사의 시사점]

- 서비스 요소가 물리적 요소보다 더 중요하다.
- 임차인과의 커뮤니케이션이 중요하다.
- 위치적인 요소는 생각보다 낮은 비중을 차지하고 있다.

- 빌딩의 실내 환경과 보건 위생이 상위 5가지 중 가장 낮은 점수였다.
  (이것을 개선하면 만족도를 높일 수 있다.)
- 건강과 위생 관련 항목은 중요하나 만족도는 낮은 편이었다.
  (관련 편의시설 적고 만약 그런 것들이 있으면 큰 만족도를 느꼈다.)
- 피트니스, 식당, 주차시설은 보통 정도의 만족을 주지만, 특별한 서비스 시설이 있으면 만족도가 높았다.
  (컨시어지, 보안문서 파기, 예방접종, 세차 그리고 건강 위생 프로그램)

04 연체 임차인의 발생과 관리 방법

연체 발생 시 업무 절차

임대료와 관리비가 제때 납부되지 않아 연체가 발생하면 자산관리자는 다른 업무 보다 먼저 관심을 가지고 살펴봐야 한다. 빌딩의 임대공간을 판매하여 수입을 발생시키는 게 중요한 역할 가운데 하나인데 이에 대한 근본적인 문제가 생긴 것이기 때문이다.

자산관리자는 연체가 발생하지 않도록 어느 정도 노력은 기울일 수 있다. 예를 들어, 임대료와 관리비 납부를 위한 청구서를 여유 있게 보내주고 수령 여부에 대한 확인을 통해 업무상 누락이 발생할 여지를 줄일 수 있다. 다만, 임차인이 하는 사업 자체에 문제가 발생했을 때에는 도움을 줄 수 있는 방법이 매우 제한적일 수밖에 없다.

연체가 발생하면 그 원인이 어떤 것인지 파악하는 게 무엇보다 중요하다. 단순한 실수나 착오에 의한 연체인지 아니면 임차인에게 어떤 심각한 문제가 발생한 것인지 알아보고 그에 맞게 대처를 해야 한다.

단순한 실수일 경우에도 빈번하게 발생한다면 임차인에게 연체 대금을 부과하여 추후에 동일한 일이 발생하지 않도록 주의를 환기시키는 조치를 취하는 것도 필요하다. 큰 금액이 아니어서 면제를 해주면 납기일에 대한 중요성을 인식하지 못할 수 있기 때문이다.

만약, 연체가 반복적이고 임차인 면담 결과 문제가 해소될 여지가 보이지 않거나 악화될 가능성이 있다면 임대차계약에 따른 업무 절차에 의해 처리를 해야 한다. 물론, 임차인과의 관계를 고려하여 담당자와 사전에 충분한 커뮤니케이션을 하는 것도 필요하다. 연체 관련 공문을 보낸다거나 담당자도 곤란한 상황이 발생할 수 있는 통지를 해야 한다면, 사전에 상황을 설명하는 것만으로도 원활한 업무를 하는 데 도움이 될 수 있다.

특히, 연체가 발생하면 이에 대한 정확한 통지가 필요하다. 이메일로 연체 금액과 횟수에 대한 내역을 통지해야 한다. 또, 계약에 따라 임대차계약이 해지가 될 수 있는 정도로 연체대금이 누적되면 내용증명 우편을 발송하거나 공식적으로 증빙이 될 만한 공문 등을 발송해서 추후 명도 소송이 진행되었을 때 이를 증빙으로 활용할 수 있도록 준비해야 한다. 공문 발송 이후에는 실무자와 협의를 하면서 연체대금에 대한 상환 계획을 받고 이를 지켜 나갈 수 있도록 과정 관리를 해야 한다.

연체 임차인과의 협상법

연체가 지속되는 임차인과 협의를 할 때는 현재 임차인이 어떤 상황인지를 파악하는 게 중요하다. 담당자와의 면담을 통해 회복이 가능한 수준인지 아니면 문제 해결이 쉽지 않아 보이는지 판단해야 한다.

다만, 3개월 이상 임대료와 관리비를 내지 못할 수준이라면 이는 사업에 큰 문제가 있는 것으로 여기고 대응을 해야 한다. 왜냐하면 사업을 영위하면서 필요한 다른 비용들을 지급하고 아마도 마지막으로 임대료 및 관리비를 연체했을 가능성이 크기 때문이다. 보통, 연체를 하고 있는 임차인은 보증금을 납부했기 때문에 그 금액만큼은 임대료와 관리비를 내지 않아도 괜찮을 것이라고 판단하는 경향이 있다.

따라서 자산관리자는 임차인의 회생이 불가능하다고 판단되면 명도에 대한 협의를 신속하게 진행해야 한다. 제소전화해가 체결되어 있다면 그에 따라 바로 처리하고 그렇지 않은 임차인이라면 협상을 통해 빌딩에서 신속하게 퇴거할 수 있도록 협의를 해야 한다.

신용에 문제가 발생한 임차인은 시간이 지날수록 납부해야 할 비용이 더 커지기 때문에 최대한 빨리 협의를 해서 보증금의 일부라도 회수할 수 있도록 돕는 것이 필요하다. 이때 임대인도 임대차계약서의 규정에 따라 모든 위약금을 받고 임차인을 명도하려고 하기보다 임차인도 어느 정도 수긍할 수 있는 정도의 협의를 통해 명도 협상을 빠르게 마무리하는 것이 좋다.

간혹, 사업의 문제가 생겨 임대차계약 기간을 다 채우지 못해 다른 임차인에게 계약을 양도하겠다고 시간을 요구하는 임차인들도 있다. 그럴듯한 제안이라고 보이지만 사무실의 특성상 원하는 공간의 디자인과 면적이 다르기 때문에 기존 임차인의 인테리어를 그대로 인수하거나 사용하는 경우는 극히 드물다. 따라서 이런 제안은 실현 가능성이 낮은 것으로 판단하고 시간을 지연시키지 않고 정상적인 협의 절차를 진행하되 만약 인수를 원하는 임차인이 나타난다면 그 시점에 다시 논의를 하는 것이 좋다.

마지막으로 명도 시에 쟁점이 되는 것 중에 하나가 원상복구이다. 사업의 결과가 좋지 못해 퇴거하는 임차인의 경우 원상복구를 할만한 재원이 없는 경우가 많다. 따라서, 실질적으로는 원상복구를 면제해 주거나 일부 금액을 보증금에서 차감하고 협의를 통해 퇴거를 하는 방식으로 신속하게 명도를 하는 게 더 나은 선택이 될 때도 있다.

05 임차인 퇴거 절차와 관련 업무

임차인 퇴거 시 필요 업무

임차인이 빌딩에서 퇴거를 할 경우에 자산관리자가 해야 하는 필수 업무들이 있다. 그중 가장 중요한 것이 원상복구공사와 보증금 반환 절차이다.

먼저, 원상복구공사의 기준은 사용했던 임대공간을 처음 입주했을 때처럼 인테리어 공사를 바로 시작할 수 있는 상태로 되돌리는 것이다. 그래서 신규 임차인이 들어오면 바로 입주 공사를 시작할 수 있는 수준으로 만들어 놓아야 한다. 원상복구공사는 임대차계약 기간 내에 완료를 해야 하는 것이고, 만약 다른 임차인의 입주 시점이 정해져 있다면 일정을 맞춰 마무리가 될 수 있도록 조율해야 한다.

자산관리자는 원상복구 시에 확인해야 하는 사항들을 정리해 놓고 공사가 마무리되면 임차인과 원상복구공사 업체가 참석하여 현장을 둘러보고 기준에 맞게 완료가 되었는지 여부를 확인해야 한다.

다음으로 보증금 반환 절차를 진행한다. 임대차계약 기간이 종료되는 시점을 기준으로 임대료와 관리비 등을 정산하여 임차인과 확인하고, 앞서 살펴본 원상복구공사가 기준에 맞게 마무리되었다면 보증금을 반환하면 된다.

보증금이 반환됨과 동시에 임차인이 보증금을 임대인에 납부하면서 설정한 근저당이나 전세권, 임차권 등의 권리 설정을 해지해야 한다. 이런 업무들은 임차인이 퇴거하고 나서 뒤늦게 발견하고 처리하는 경우도 종종 발생한다. 실질적으로 큰 문제가 되지 않을 수 있지만, 퇴거한 임차인의 협조가 잘되지 않을 수 있기 때문에 임차인이 퇴거하기 전에 마무리를 해 놓아야 한다.

이외에 스피드게이트를 운영하고 있는 빌딩이라면 출입카드의 회수와 출입권한 등을 해제하고 관련된 정보들을 삭제하면 임차인 퇴거와 관련한 업무가 마무리된다.

보증금 반환 체크 리스트

앞서 살펴본 보증금 반환 절차 과정 중에는 임차인과 비용 정산을 하고 보증금 반환 금액에 대한 세부적인 협의를 하는 절차가 필요하다. 이때 보증금 반환 체크 리스트를 작성하여 정산 과정에서 누락된 내용이 없는지 확인하고 세부 정산 내역을 첨부하고 임차인에게 제공하여 보증금 잔액을 확인하면 편리하다.

그리고 임차인이 퇴거하는 시점에 정산을 하게 되면 실비 관리비 가운데 전기, 수도, 가스 등의 요금은 실제 사용량을 계산하기가 어렵다. 왜냐하면, 수도광열비의 고지서는 후불 형태로 고지되기 때문이다. 그렇기 때문에 임차인과 협의하여 최근 몇 개월 동안 사용한 평균 금액 등을 기준으로 정산하여 확정을 하면 된다.

만약 임차인이 중도해지를 하거나 만기를 다 채우지 못했을 경우에는 임대차계약서에 의거한 위약벌 등을 정산금에 적용하고 원상복구를 완료하지 못하고 퇴거한다면 임차인과 협의하여 공사 대금에 해당하는 금액도 보증금에서 제외를 하면 된다.

[보증금 반환 체크 리스트]

항 목		금 액	비 고
보증금		75,000,000	
임대료		7,500,000	퇴거일 기준 일할 정산
관리비		3,750,000	
실비 관리비	전기료	35,000	실제 사용 일자 기준 정산
	가스료	70,000	
	수도료	25,000	
연체료		11,250,000	1개월분 임대료 관리
페널티		0	중도해지 페널티
원상복구 정산액		25,000,000	원상복구 미완료 협의
임차인 보증금 반환 금액		27,370,000	

권리설정 해지	완료	근저당, 전세권 등 해지 확인

PART 06

운영 예산의 작성과 구성 항목

운영 예산의 작성과 구성 항목

06

01 운영 예산의 준비와 배경지식

운영 예산의 준비와 작성

빌딩의 운영 예산 수립은 펀드와 리츠가 보유한 자산을 운영하는 경우에는 특히 중요하다. 왜냐하면, 투자자들을 위해 부동산 투자 상품으로 매입한 자산이어서 계획한 분배금이나 배당을 지급하는 것에 초점이 맞춰지기 때문이다.

자산의 운영 계획인 예산을 준비하는 것은 빌딩의 예상 손익계산서를 작성하는 것이나 마찬가지이다. 빌딩의 월간 관리 계획을 상세하게 수립하여 연간 운영 계획을 세우면 이를 통해 예상되는 운영 수익을 확인할 수 있기 때문이다.

운영 예산을 충실하게 작성하고 해당 연도가 마무리되면 빌딩 운영 성과의 지표로 활용할 수도 있다. 즉, 예산에 맞게 잘 운영했는지 여부를 확인할 수 있고, 숫자로도 운영 수익을 미달했는지 또는 초과해서 달성했는지 알 수 있기 때문이다.

또, 예산을 작성하면서 정기적인 수선과 공사 계획을 수립하여 건물의 물리적 상태가 양호하게 유지될 수 있도록 관리하면 사고 예방이나 비용 절감 등의 효과도 얻을 수 있다.

이렇게 예산을 작성하기 위해서는 평소에 빌딩을 운영하면서 관리되는 정보들을 체계적으로 잘 정리해 놓아야 한다. 그뿐만 아니라, 빌딩 운영의 전체적인 수입과 지출에 대한 흐름을 면밀하게 알고 있어야 예산의 작성과 검토가 가능하다.

운영 예산 작성의 기준 수립

운영 계획을 세우기 위해서는 예산 수립을 위한 가정(Assumption)을 먼저 작성해야 한다. 수입과 비용에 대한 여러 가지 항목들이 있는데 이런 세부 내용들에 대해 무슨 근거를 바탕으로 예산을 작성했는지 일목요연하게 기준을 정리해 놓는 것이다.

이렇게 예산 작성을 위한 기준을 수립해 놓으면, 전체적인 틀에서 예산 항목을 살펴볼 수가 있다. 또, 소유자와 예산 작성 협의를 하는 과정에서 변경 사항이 있을 때 어떤 것들을 수정할지 쉽게 협의할 수 있다.

소유자나 운영하는 빌딩에 따라 상이할 수 있지만 일반적으로 아래와 같은 항목에 대한 예산 작성 기준을 수립한 뒤에 큰 틀의 방향을 정하고 세부적인 예산을 작성한다.

- 임대에 대한 가정(신규 임대, 재계약, 임대 전 공실 기간 가정 : down-time 등)
- 임대료에 대한 가정(Rent Free, 신규 임대 기준가, 인상률)
- 관리비 인상에 대한 가정(인상률)
- FM 용역 인건비 인상에 대한 가정
- 외부 용역 계약 인상에 대한 가정
- 수도광열비 등 에너지 비용 인상에 대한 가정
- 세금과 공과금에 대한 인상 가정
- 수선유지비 및 자본적지출(Capex)에 대한 계획

운영 예산 작성의 기준을 수립하기 위해서는 공적기관에서 배포하는 자료들을 활용하는 게 좋다. 왜냐하면, 정부에서 발표하는 통계 자료나 최저임금 기준, 각종 공시 자료들을 취합하여 근거 자료로 활용하는 게 신뢰도를 높일 수 있기 때문이다.

그 외에 보완 자료로 경제 연구소나 공공기관의 성격을 띤 연구기관들에서 발표하는 자료들 가운데 경제 성장률이나 물가 인상률 예측 등과 관련된 자료들을 활용하면 운영 예산 기준에 대한 근거를 더욱 탄탄하게 할 수 있다.

운영 예산 템플릿의 구조와 항목들

운영 예산을 수립할 때에는 전체적으로 어떤 흐름으로 작성되는지 이해를 하고 있어야 한다. 다만, 자산관리자가 운영 예산을 준비하는 데 있어 활용할 수 있는 정보에 한계도 있다. 자산을 운영하는 과정에서 발생하는 수입과 비용에 대한 정보는 있지만, 이외에 펀드나 리츠 구조이기 때문에 임대인이 가지고 있는 정보까지는 알기가 쉽지 않다. 그렇지만 자산관리자는 PM 단계의 운영을 넘어 임대인의 관점까지도 생각하고 예산 수립을 준비해야 한다. 결국 최종 의사 결정을 하는 임대인이 어떤 방향으로 자산을 운영할 것인지에 따라 예산의 방향도 결정되기 때문이다.

[운영 예산의 분류]

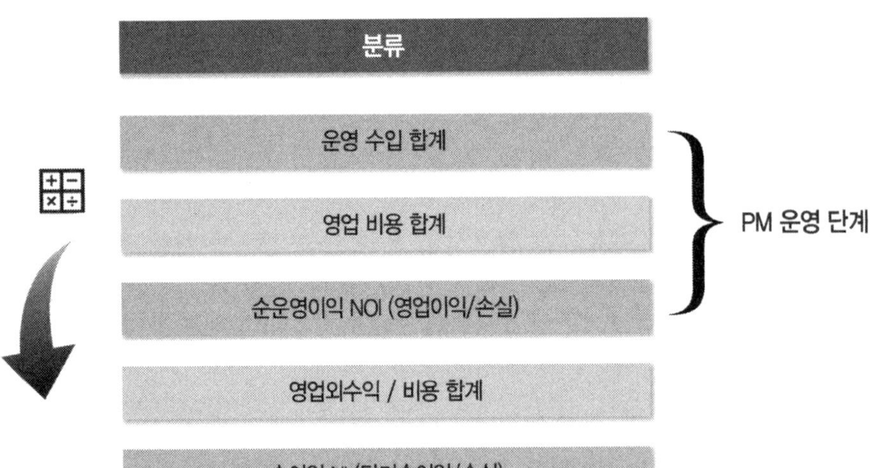

운영 예산의 각 항목은 소유자에 따라 조금씩 명칭과 계정명은 다를 수 있다. 운영 예산을 작성하고 나면 다음에 나오는 엑셀 양식처럼 월간 예산을 항목별로 볼 수 있는 운영 예산 항목의 총괄표가 만들어진다. 이 총괄표는 각각의 분류 항목마다 세부적인 예산을 작성한 하위 내용들과 연결되어 있다.

다시 말하면, 보통 예산은 엑셀을 활용하여 작성하는데, 임대료와 관리비 수입에 대한 항목은 월별로 한 줄로 표기되지만 이를 작성하기 위한 실제 세부자료들은 다른 엑셀 시트에 정리되어 있고 이를 총괄표에 한 줄로 표현한 것뿐이다. 따라서 운영 예산 항목 총괄표의 템플릿은 엑셀 파일 안에 여러 개의 시트가 연결된 구조라고 보면 된다.

이렇게 수립된 예산을 가지고 자산관리자는 매월 운영 계획에 맞춰 수입과 비용을 관리해 나가면서 자산을 운영하게 된다. 즉, 운영 예산은 빌딩 운영을 위한 나침반 역할을 하는 것이라고 할 수 있다. 매월 조금씩 변동은 있을 수 있겠지만 목표한 예산을 맞춰 나가기 위한 기준점이 되는 것이다.

[운영 예산 항목 총괄표]

분류	계정명	계정 코드	1월	2월	3월	4월	5월	6월	7월	8월	9월	10월	11월	12월	합계
임대료 수입															
관리비 수입															
주차 수입															
기타 수입															
수입 합계			0	0	0	0	0	0	0	0	0	0	0	0	0
FM 인건비															
건축 수선유지비															
건축 소모품															
기계 수선유지비															
기계 소모품															
전기 수선유지비															
전기 소모품															
자동제어 수선유지비															
소방 수선유지비															
미화 수선유지비															
미화 소모품															
보안 소모품															
안내 소모품															
주차															
조경 유지보수비															
수도광열비															
보험료															
세금															
통신료 및 IT															
마케팅															
자산관리비용															
비용 합계			0	0	0	0	0	0	0	0	0	0	0	0	0
순운영수익			0	0	0	0	0	0	0	0	0	0	0	0	0
영업외이익															
영업외비용															
기타비용															
순이익			0	0	0	0	0	0	0	0	0	0	0	0	0
자본적지출															

운영 예산의 흐름

운영 예산을 빈틈없이 작성하려면 세부적인 항목들이 어떻게 구성되고 연결되는지 전체적인 흐름을 잘 파악하고 있어야 한다. 운영 예산은 빌딩과 관련된 모든 정보들을 취합하여 숫자로 표현하는 것이기 때문에 이런 숫자들이 어디로부터 나오는지 알고 있어야 흐름을 파악하면서 예산을 작성할 수가 있다.

운영 예산을 자산관리자가 1년 동안 집행하여 발생한 결과물인 순운영이익(NOI)과 순이익(NI)의 숫자로 자산관리자의 역할이나 능력에 대한 평가도 이루어진다. 예산에 맞춰 운영이 잘 이뤄졌는지는 연말이 되면 자연스럽게 확인이 된다. 운영의 결과가 수익이 발생했는지 또는 예상했던 방향으로 운영이 되었는지 여부에 따라 자산관리자는 평가를 받게 되는 것이다.

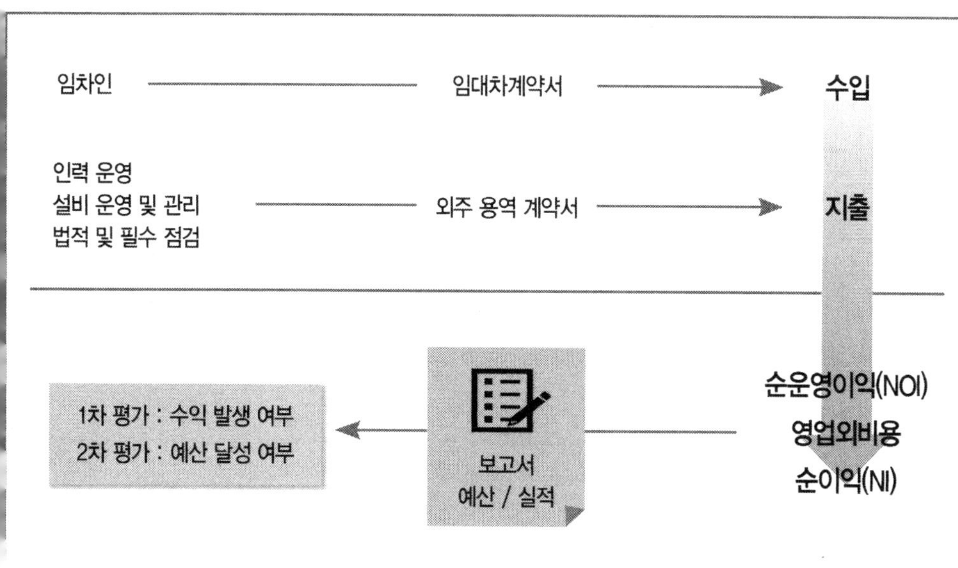

02 운영 예산의 구성과 항목 해설

운영 예산의 구성은 빌딩의 운영 방식에 따라 계정 과목과 운영 기준이 조금씩 다르다. 다만, 계정 명칭이나 항목의 배열 정도는 다를 수는 있어도 전체적인 구성은 대동소이하다. 그러면 운영 예산을 구성하는 항목들은 어떤 것들이 있는지 살펴보도록 하자.

영업수익의 구성

영업수익은 임대료, 관리비, 주차비 그리고 기타 수입으로 구성된다. 기본 임대료와 관리비 수입은 임대차계약서를 기준으로 정해져 있기 때문에 이를 바탕으로 작성한 Rent Roll을 활용하면 예산 작성을 수월하게 할 수 있다. Rent Roll에 나와 있는 임차인별 임대료와 관리비를 정해진 계약 기간과 인상률을 적용하여 월별로 작성해 주면 되기 때문이다.

이외에 성과 연동 임대료와 추가 관리비는 과거의 매출 자료나 추가 관리비 자료가 누적되어 정리되었다면 각각의 연도별 평균 자료를 활용하여 예상치를 작성할 수 있다. 성과 연동 임대료는 임차인의 매출 성과에 따라 받는 임대료이기 때문에 매월 변동되고 업종에 따라 월별 추이가 달라질 수 있다는 것을 염두에 둬야 한다.

추가 관리비는 임차인이 추가로 사용한 에너지 비용 등에 대해 부과하는 관리비이다. 이런 비용은 경제 환경의 변화에 따라 인상폭의 등락이 클 수 있기 때문에 이를 고려해야 한다. 특히, 수도광열비는 계절적인 특성에 따라 사용량의 차이가 크게 나고 신규 임차인의 입주 등이 있다면 이를 예상하여 반영해야 예산 대비 실적에 변동폭을 줄일 수 있다.

또한 수도광열비는 정부 정책에 따라 인상률의 변동폭이 크기 때문에 이를 잘 예측해야 한다. 추가 관리비의 대부분은 이런 수도광열비를 입주사가 실제 사용한 만큼 미터기 등을 통해 계량하여 부과하기 때문에 이를 잘 반영하도록 예산을 편성할 필요가 있다.

주차 수입은 빌딩의 주차장을 이용하는 차량들로부터 발생하는 수입이다. 임대차계약서에 의해 임차인들에게 무료로 제공되는 주차 이외에 유료로 판매되는 월정기 주차권, 주차 쿠폰 수입, 이외에 유료로 지불한 금액 등이 주차 수입으로 발생한다. 만약, 빌딩에 아케이드나 리테일 매장이 있는 경우에는 임차인과의 계약에 따라 고객 주차 할인 금액 등을 반영하여 예산을 책정해야 한다.

보통 임대인이 빌딩의 주차장을 직접 운영하기도 하지만 경우에 따라서는 주차장 전문 운영 업체에 아웃소싱을 맡기고 일정 금액을 고정으로 받는 계약을 체결하여 운영하기도 한다. 이밖에 주차장에서 일정 금액 이상의 매출이 발생하면 사전에 협의한 수수료 비율로 추가 임대료를 지급하는 등의 계약 구조를 활용하기도 한다.

마지막으로 기타 수입은 빌딩의 상황에 따라 다르지만 보통 창고 임대, 통신사가 설치한 중계기 사용료 수입, 자판기 수입, 구두 수선 업체 공간 사용료, 간판 사용료, 광고 수입, 임차인의 연체료 수입 등의 항목이 포함될 수 있다.

분류	계정명
총 임대료 수입	
	임대료 성과연동 임대료
총 관리비 수입	
	관리비 추가관리비 – 전기 추가관리비 – 가스 추가관리비 – 수도 추가관리비 – 미화 추가관리비 – 기타 (출입카드)

분류	계정명
주차 수입	
	월정기 주차 (법인) 월정기 주차 (개인) 쿠폰 판매 후불 주차
기타 수입	
	창고 임대 중계기, 자판기, 구두수선 등 간판 사용료, 광고수입 연체료 수입

FM 용역비의 구성

FM 용역비는 빌딩 운영에 필요한 시설팀의 직종별 팀을 구성하고, 업무에 투입된 인력을 반영하여 작성한다. 특히, 방재실 근무자나 보안 근무자같이 24시간 교대 근무가 필요한 직종이나 법정선임 인력 등의 필수 인원 등을 고려하여 예산을 편성해야 한다.

또, 빌딩의 임대 상황에 따라 순차적으로 인력을 투입해야 할 때도 있어, 이를 감안한 인력 운영 계획이 예산에 반영돼야 한다. 예를 들어, 빌딩에 공실이 있는 상황이라면 해당하는 면적은 추후 임대가 되었을 때 인력을 투입하면 되기 때문에 이에 맞춰 계획을 수립하면 된다.

FM 운영 인력의 구성은 빌딩의 서비스 스탠더드에 따라 달라질 수 있다. 즉, 자산 운영의 품질을 어떤 수준에서 제공하는지에 따라 달라진다. 예를 들어, FM 팀의 서비스 수준을 높이기 위해 젊은 보안 요원이나 외국어가 가능한 안내 직원을 배치하거나, 조경 시설 관리를 위한 추가 인력 등이 필요하다면 관련 예산을 충분히 책정해야 한다.

FM 용역비는 인건비로서 예산에서 가장 큰 비중을 차지하는 항목이다. 따라서 관련 비용 절감을 위해 빌딩의 자동화 시스템을 잘 활용하거나 보안 관련 시스템이나 스피드 게이트 등이 설치되어 있다면 어느 정도는 비용을 절감할 수는 있다. 하지만 운영이 원활하지 못한 경우에는 서비스 수준이 떨어질 수 있다는 점도 고려해야 한다.

빌딩 운영에 있어 비용 절감을 해야 할 때 인력을 줄이는 게 가장 쉬운 방법이지만, 그만큼 서비스 품질이 저하될 우려가 있다. 단기적으로는 비용 절감에 따른 효과가 있겠지만, 만약 빌딩의 서비스 만족도가 떨어져 임차인의 불만이나 민원으로 이어진다면 오히려 수익에 악영향을 줄 수 있다는 것도 생각해야 한다. 따라서 빌딩의 운영 수준을 고려하여 FM 인원을 구성하고 빌딩의 서비스 스탠더드에 맞는 수준을 유지할 수 있도록 예산을 편성하는 게 바람직하다.

FM 운영 인력이 어느 정도 규모가 있다면 임직원용 식당이나 휴게실, 기타 편의 시설을 설치하고 이를 유지하고 관리하는 비용들도 책정하여 운영하는 것이 좋다. 이런 시설들이 있다면 근무 인력들의 만족도도 높이고 잦은 퇴사를 방지하는 효과도 얻을 수 있다.

분류	계정명
FM 용역 비용	
엔지니어 직무 인건비	건축 전기 기계 소방
서비스 직무 인건비	미화 보안 안내 주차 조경

외주 용역 및 수선비 - 건축

건축팀에서 주로 사용되는 예산은 석재, 창문, 출입문 등 같은 건물의 외관과 관련된 자재들의 유지 보수 비용이나 회전문이나 곤돌라 같은 시설물의 관리와 관련된 비용들로 구성이 된다. 예를 들어, 외부 전문 업체에서 설치한 회전문이나 곤돌라 같은 경우에는 운전이나 일상 관리를 하면서 아웃소싱을 통해 정기적으로 유지 보수 관리를 해야 한다.

특히, 바닥재나 천장 마감재, 석재, OA Floor 등 파손이나 오염으로 교체가 필요한 자재들은 보수나 관리를 위해 물품들을 구매하여 보관해야 한다. 이런 자재들은 부피가 크고 한번 생산되고 나면 단종이 되는 경우가 많아 이를 보관하기 위한 창고가 마련되어 있어야 한다.

그리고 커튼월로 건축된 빌딩의 유리창이나 특정 회사의 천장 마감재, 카펫 등을 구매하여 사용하는 경우에는 제조회사나 특정 회사를 통해야만 자재 수급을 받을 수밖에 없다. 따라서, 제조회사의 단가 자료 등을 받아서 예산을 책정하면 된다.

빌딩에는 다양한 간판들이 있는데 큰 비용은 아니지만 이를 수선하거나 교체하는 예산도 필요하다. 예를 들어, 방향 표시를 하는 싸이니지(Signage)가 훼손이 되어 추가로 설치하거나, 임차인들이 입주하거나 퇴거하면서 변경해야 하는 임차인명 싸이니지도 빈번하게 교체가 될 수 있어 관련 비용을 잡아 놓을 필요가 있다.

건축팀에서는 어렵지 않거나 간단한 수선은 직접 소모품 등을 구매하여 처리하고, 이외에 규모가 크거나 전문 장비를 사용해야 하는 작업들은 외주 공사 업체를 통해 진행하는 경우가 대부분이다.

분류	계정명
건축	건축물 정밀안전진단 회전문 유지보수비 간판 유지 관리비 곤돌라 유지 보수비 건축 수선비
건축 (소모품)	건축 소모품 내장재 소모품 외장재 소모품

외주 용역 및 수선비 – 전기

전기팀에서는 전력과 관계된 건물의 주요 장비들인 엘리베이터 및 에스컬레이터, 수변전 시스템, 조명, 발전기 등의 설비를 관리하기 위해 유지 보수 계약을 체결하고 이에 필요한 소모품 등을 구매한다.

특히, 엘리베이터 및 에스컬레이터, 자동제어 설비, 수변전 시스템 등은 외주 용역 계약을 체결하여 주요 점검이나 관리를 하기 때문에 외주 업체와의 계약 금액을 예산에 반영하면 된다.

[전기실의 수변전 설비]

그 밖에 전기 관련 소모품들의 예산을 편성해야 하는데 대부분 교체 시에 비용이 많이 드는 것들이다. 예를 들어, 배터리(UPS), 비상발전기 유류 구매, 엘리베이터 소모품 등은 한 번 구매 시에 큰 비용이 발생하는 경우가 있어 이를 고려한 예산 책정이 필요하다.

분류	계정명
전기 및 자동제어	자동제어설비 유지 보수비 보안설비 유지 보수비 엘리베이터 유지 보수비 에스컬레이터 유지 보수비 엘리베이터 LCD 유지 보수비 엘리베이터 검사 전기설비 안전점검 발전기 유지 보수비 전기 및 자동제어 수선비
전기 (소모품)	LED등 및 형광등 기타 전기 소모품 발전기 유류 배터리 소모품

외주 용역 및 수선비 – 기계

기계팀은 건물의 냉난방과 관련된 설비의 관리를 위한 비용들이 예산의 주를 이룬다. 그 가운데 냉동기, 보일러, 각종 펌프 등의 전문 업체가 설치한 설비들의 유지 보수는 외주 업체를 통해 관리를 한다.

사계절이 있는 우리나라에서는 냉방 시기와 난방 시기가 바뀔 때마다 냉난방 장비에 대한 유지 보수와 점검을 정기적으로 해줘야 한다. 냉동기 세관과 보일러 세관처럼 계절 변화에 맞춰 장비들의 청소와 점검을 하게 된다. 장비별로 각각의 시기에 맞게 예산을 책정하고 법적 정기 검사 항목들도 점검 일정에 맞춰 비용을 배분하여 예산을 편성한다. 이외에 정기적으로 해야 하는 물탱크 청소, 정화조 청소 등도 일정에 맞게 반영하면 된다.

[냉동기 및 각종 기계 설비]

기계팀의 소모품 가운데는 실내 공기질 유지를 위해 설치하는 공조기의 필터 교체가 큰 비용을 차지할 수 있는 항목으로 빌딩 상황

에 따라 예산 책정 시 이를 고려해야 한다.

분류	계정명
기계	물탱크 청소 정화조 청소 냉동기 세관 보일러 세관 공기질 측정 (주차장) 가스시설물 안전점검 정압기 분해점검 보일러 정기검사 기계 장비 수선비
기계 (소모품)	공조 관련 소모품 정화조 약품비 냉각수 약품비 수처리 약품비 기계 관련 소모품 필터 교체

외주 용역 및 수선비 – 소방

소방팀의 예산은 장비가 한 번 설치될 때 비용이 드는 것 이외에 소방 시스템의 유지 보수와 점검 비용 등으로 큰 비용이 발생하는 항목이 많이 없는 편이다.

다만, 평상시보다는 위급 상황에 대한 대비가 중요하기 때문에 소방 안전 관련 소모품들을 정기적으로 점검하고 사용 기한이 지나거나 수명이 다한 것들은 제때 교체를 해야 한다.

[제연덕트 및 스프링클러 배관]

소방시설 점검 시에는 평상시 잘 사용하지 않는 방화셔터의 작동 유무나 제연 설비들이 정확히 작동하는지를 확인하고 만약 고장이나 이상이 있다면 이를 교체하거나 수선하는 비용을 예산에 책정해야 한다.

분류	계정명
소방	소방시설 유지보수비 소방시설 점검비
소방 (소모품)	소방 관련 소모품

외주 용역 및 수선비 – 미화

미화팀의 예산은 대부분 임차인들이 직접 사용하는 공간에 대한 미화 서비스를 위한 것들이 대부분이다. 그리고 외벽 청소나 카펫 청소, 대리석 광택, 방역 등의 업무들은 주로 아웃소싱을 통해 전문 업체에 맡기는 게 일반적이다.

미화팀에서는 소모품 구매가 많은데, 임차인들이 화장실에서 사용하는 휴지나 페이퍼타올 그리고 기타 청소용품 등이 큰 비중을 차지한다. 이런 미화 소모품들은 계절이나 임차인의 상주 인원수에 따라 사용량이 다를 수 있어 이를 반영하여 예산을 책정하는 게 좋다.

이외에 미화 업무를 위해 사용되는 각종 소모품을 구매해야 한다. 미화 용품들은 사용 빈도가 높고 입출고가 잦은 품목이 많기 때문에 이를 보관하는 자재 창고가 필요하다. 또한, 이런 소모품들의 사용량을 정확하게 체크하고 주기적으로 점검을 해서 낭비되거나 분실되는 일이 없도록 확인하는 것도 예산을 관리하는 데 있어 중요하다.

분류	계정명
미화	외벽 청소 카펫 청소 대리석 광택 방역 서비스 쓰레기 처리비 미화 장비 수선비
미화 (소모품)	화장지 페이퍼타올 기타 미화소모품

외주 용역 및 수선비 – 보안/안내

보안과 안내팀은 로비에서 주로 근무를 하기 때문에 이와 관련된 소모품이나 안전 관련 제품의 구매를 예산해 반영하면 된다. 이는 로비에 설치된 보안 설비나 빌딩의 운영 정책에 따라 달라질 수 있다.

스피드 게이트를 운영하는 빌딩이라면 출입카드 및 관련 소모품 구매가 필요하다. 또, 보안 근무자들이 사용하는 무전기나 안전 차단봉, 구급상자 및 안전 관련 용품 등의 소모품 구매를 반영하면 된다.

분류	계정명
보안 (소모품)	출입 카드 출입 카드 악세서리 보안 소모품
안내 (소모품)	안내 소모품

외주 용역 및 수선비 – 주차 및 기타

공용 공간인 주차장과 조경 면적에 대한 관리를 위한 유지 보수 비용은 자산의 상황에 따라 달라질 수 있다. 만약, 주차장을 직접 운영하고 관리한다면 주차 설비 관련 유지 보수비와 소모품 그리고 주차장 운영을 위한 안전용품 구매 등을 예산에 반영해야 한다. 또, 임차인 서비스로 운전자 대기실이나 기사 휴게실 등을 운영한다면 이와 관련한 운영 예산도 편성해야 한다.

[IFC 주차장 출입구의 주차설비]

그리고 자산 내에 조경 면적이 크고 관리해야 하는 수목이나 초화들이 많다면 외주 업체를 통해 운영할 수 있는 예산이 필요하다. 이런 예산 외에 로비나 주차 공간 등의 공용공간에 배경 음악을 틀어놓거나, 관리해야 하는 조형물이나 예술 작품이 있다면 이를 위한 비용들도 반영해야 한다.

또, 로비나 공용 공간에 호텔처럼 특정 향기가 나노록 해서 고급스러운 느낌을 주는 향기 마케팅을 하는 빌딩들도 있다. 이런 부가적인 서비스가 있다면 예산에 반영해야 한다.

분류	계정명
주차	주차설비 유지보수비
주차 (소모품)	주차시설 소모품 주차 시스템 소모품
조경	조경 유지 보수비
기타	예술작품 유지보수비 로비 음악

외주 용역 및 수선비 – 공사비

빌딩을 운영하다 보면 예상치 못한 사고가 발생하거나 대규모 수선이 필요해서 공사를 진행해야 할 때가 있다. 기본적으로 공사비 예산 수립 시에는 한 해 동안 발생이 예상되는 정기 수선 공사를 우선적으로 계획하여 예산을 잡는다. 비용이 많이 들거나 전문성을 요하는 큰 공사 같은 경우는 외부 업체를 통해 대략적인 견적을 받아 예산에 반영하기도 한다.

이와는 별도로 예측하지 못해 돌발성으로 생길 수 있는 상황을 대비하여 긴급 공사 금액도 편성해 놓는다. 긴급 공사는 예측을 하기 어렵기 때문에 그간 운영하면서 발생했던 금액을 고려하여 직종별 월별 금액을 배분해서 책정해 놓는 방식을 사용하기도 한다. 이렇게 돌발 상황에 대비를 해 놓아야 예상치 못한 비용이 발생했을 때 예산을 초과하지 않고 안정적으로 자산의 운영이 가능하다.

분류	계정명
공사비	
	수선 공사 긴급 공사

수도광열비

수도광열비는 빌딩의 운영비용에서 금액적으로 차지하는 비중이 매우 크다. 따라서 임차인 구성에 따른 사용량과 계절적인 요인들을 잘 예측하여 예산을 편성할 필요가 있다. 에너지 비용은 공공요금이기 때문에 정부의 정책에 따라 인상률이나 단가가 정해지기 때문에 관련 발표 정책들을 주의 깊게 살펴보면서 예산 책정을 할 때 반영해야 한다.

다만, 수도광열비의 비용 중 일부는 임차인에게 실비 관리비로 청구를 하여 다시 회입을 하는 구조이기 때문에 이런 점을 고려하여 예산을 수립해야 한다.

분류	계정명
분류 수도광열비	
	전기료 수도료 가스비 기타

각종 세금

부동산에 부과되는 세금은 재산세가 대부분을 차지한다. 세금은 과세표준이 정해져 있고 부과되는 금액에 대한 계산이 가능하지만, 정부의 정책에 따라 세율이나 과세표준의 변동성이 있기 때문에 이를 잘 반영하여 예산을 편성해야 한다. 특히, 재산세의 경우 펀드나 리츠의 투자 형태에 따라 세제혜택을 받을 수 있는지 유무나 적용 범위가 법규에 따라 달라질 수 있기 때문에 이를 고려해야 한다.

이외에 건물의 현황에 따라 주차장 출입구에 공공보도가 설치되어 있는 경우에는 도로점용료가 부과될 수 있다. 또한 임차인으로부터 받은 보증금에 대해서는 간주임대료 부가세를 납부해야 한다.

분류	계정명
세금	
	재산세 토지분 재산세 건물분 종합부동산세 도로점용료 간주임대료 부가세 면허세 기타 세금

보험료 등

빌딩의 보험료는 재물보험과 영업배상책임보험 등 보험 가입 범위에 따라 비용이 발생하기 때문에 이를 반영한다. 대형 빌딩에서는 테러 보험에 가입하는 경우도 있는데 빌딩 운영 정책에 맞게 보험 예산을 책정하면 된다.

그리고 임차인과의 관계 관리를 위해 정기적인 행사를 진행하거나 마케팅을 한다면 이런 계획들을 반영한 마케팅 비용을 책정한다.

FM 인력이나 자산관리를 하는 인력들에 대한 직무 교육이나 법정 교육 등이 필요한 경우에는 이와 관련한 교육비를 예산에 추가하면 된다.

분류	계정명
보험료	
	보험료
마케팅 비용	
	임차인 관계 유지 비용 기타 행사 비용
교육비	
	직무 관련 교육비

임대 비용, PM 수수료 등

공실의 신규 임대나 임차인의 재계약 등이 예상된다면 이를 반영한 임대 수수료 예산이 필요하다. 임대 수수료는 임대인별로 책정한 지급기준이 있기 때문에 이를 적용하여 예상되는 임대 개시 시점에 비용을 반영하면 된다.

일반적으로 펀드나 리츠가 보유한 자산은 전문 PM 회사에 위탁하여 운영한다. 이때 자산관리회사가 자산운영에 대한 대가로 받는 PM 수수료는 계약 시에 정한 단가를 적용하고 인상률이 정해져 있다면 해당 금액으로 예산을 반영하면 된다.

분류	계정명
임대 비용	
	임대 수수료
PM 비용	
	PM 수수료

기타 운영비

이외에 빌딩을 운영하면서 발생할 수 있는 각종 통신비, 홍보 및 마케팅 비용 등을 위한 예산이 필요하다. 또, 경우에 따라서 법률자문이나 세무자문 등이 필요할 수 있기 때문에 이런 예산도 일정 금액을 책정해 놓아야 한다.

분류	계정명
기타 운영비	
	통신비 홍보 및 마케팅 우편 및 소모품비 법률자문 세무자문 재무자문

영업 외 수익과 비용

자산관리자가 예산을 작성하는 범위는 운영과 관련된 수익과 비용에 대한 부분까지이다. 이외에 빌딩 운영 범위가 아닌 영업 외 수익과 비용은 펀드나 리츠를 운영하는 담당자가 작성을 한다. 운영과 관련되는 항목 이외에 영업 외 수익과 비용이 있다. 영업 외 수익으로는 임차인으로부터 받은 보증금을 운용하여 발생한 이자 수익이나 여유 자금에서 발생하는 이자 수익 등이 있다.

영업 외 비용으로는 자산 매입 시에 담보대출이나 부가세 납부 등을 위한 단기자금 대출을 했을 때 발생하는 이자 비용이 있다.

이외에 자산을 매각하는 경우에 비용이 발생하기도 한다. 매각을 위해 법무법인을 통해 자문을 받거나 실사를 할 경우에 발생하는 비용, 매각 자문사를 통해 매각을 했을 때 매각 자문 수수료 등의 비용이 발생한다.

그리고 운영하고 있는 자산이 펀드나 리츠 형태이면 관련 보수들이 발생하고 이에 대한 비용을 책정한다.

분류	계정명
영업 외 수익	
	이자수입 기타 수익
영업 외 비용	
	단기 차입금 (이자) 장기 차입금 (이자)

매각 비용	
	법률실사 매각 자문 수수료 기타 비용
펀드/리츠 관련 보수	
	운용 보수 수탁 보수 판매 보수 사무관리 보수

자본적지출(CAPEX)

자본적지출은 자산의 가치를 증가시키는 데 사용되는 비용으로 회계 처리 시 순운영이익(NOI) 계산에 포함하지 않고 별도 항목으로 구분하여 관리한다.

분류	계정명
자본적지출	
	CAPEX (자본적지출)

03 자산관리 보고서의 작성

자산관리 보고서의 구성과 내용

자산관리 보고서는 자산관리자가 운영에 대한 결과를 정리한 것으로 매월 작성하고, 예산과 대비하여 실적 현황이 어떤지 한눈에 살펴볼 수 있도록 만든 보고서이다. 이를 통해서 예상했던 운영 실적을 달성했는지 확인할 수 있다.

자산관리 보고서 작성을 위해서는 빌딩에서 일어난 수입 관련 활동과 비용 사용 내역들을 정확하고 상세하게 정리해야 한다. 이런 업무들은 매월 반복적으로 일어나기 때문에 자산관리자는 관련 정보가 중복되거나 누락되지 않게 효과적으로 수집할 수 있어야 한다. 결국 하루하루 활동한 내역들이 데이터로 잘 정리만 되어 있다면 자산관리 보고서는 그런 자료들을 잘 취합하고 결과에 대한 분석을 하기만 해도 수월하게 작성할 수 있다.

이렇게 정리된 보고서는 숫자로 표현된 데이터들이 대부분인데 그런 결과가 어떤 활동들 때문에 나오게 된 것인지 정확하게 분석하여 보고서에 담아야 한다. 능력 있는 자산관리자는 자산 운영에 대한 결과 분석을 하고 문제점은 없었는지 살펴보면서 이를 개선할 수 있는 방안도 제안할 수 있어야 한다. 또, 운영이 잘되고 있는 점을 찾았다면 그것을 더 극대화할 수 있는 방법을 찾는 노력도 해야 한다.

자산관리 보고서는 소유자의 요청에 따라 그 구성 항목과 내용이 바뀔 수는 있지만 일반적으로 다음과 같은 내용을 포함하여 작성한다.

자산관리 보고서의 목차와 주요 내용

■ **운영 실적 총괄표**

- 임대현황 비교 – 임대 변동 내역 분석
- 예산/실적 비교 – 월간 운영 손익/누적 손익

■ **재무실적 분석**

- 월간 손익/누적 손익
- 재무실적 분석 주요 내용

■ **임대차계약 활동**

- 신규 임대 현황
- 재계약 현황
- 임대료 및 관리비 조정
- 계약 만기 도래 계약
- 중도해지 계약

■ **임대료 및 관리비**

- 임대료 청구 내역
- 관리비 청구 내역
- 미수 현황

■ 임대 운영 전략

- 주변 임대건물 현황
- 경쟁 빌딩 임대율 및 NOC 비교표

■ 에너지 사용 비용

- 전년 및 전월 대비 사용량 비교
- 월별 사용 현황표

■ 수선 공사

- 수선 공사 진행 내역
- 예정된 수선 계획
- 돌발성 공사 현황
- CAPEX 진행 현황

■ 임차인 동향

- 임차인 요청 사항
- 임차인 주요 동향

■ 별첨

- Rentroll
- Stacking Plan
- 예산 및 실적 현황표

자산 운영의 평가와 기준

자산관리 보고서가 정리되어 완성되면 자산 운영에 대한 결과를 살펴볼 수 있다. 이를 통해 자산 운영 실적에 대한 평가를 내릴 수 있다.

기본적으로 예산 대비 실적이 예상했던 오차 범위 내에서 운영이 되었다면 좋은 평가를 받을 수 있다. 반대로 예산 대비 실적에 큰 차이가 나거나 예측할 수 있었던 항목에 오차로 인해 실적에 차이가 발생하고 운영 실적도 부진했다면 좋은 평가를 받을 수 없을 것이다.

보통 펀드나 리츠가 보유한 빌딩을 운영하는 자산관리자는 수익을 내거나 개선하는데 주로 초점이 맞춰져 있기 때문에 이를 염두에 두고 운영 계획을 실행해 나가야 한다. 특히, 투자 목적으로 보유하는 주요 업무 권역에 위치한 프라임급 빌딩을 운영할 때에는 외부 경제 환경의 변화나 다른 불가항력적인 이유를 제외하고 예산 대비 실적의 결과가 평가의 중요한 기준이 된다. 만약 수익을 내지 못한다면 다른 부분에 대한 운영이 잘 되었다 하더라도 수익 극대화라는 목적을 달성하지 못했기 때문에 자산관리자는 좋은 평가를 받기 어려워진다.

[CBD 업무 권역의 빌딩들]

따라서 자산관리자는 실현이 가능한 범위 내에서 운영 수익을 낼 수 있는지도 중요하기 때문에 예산 수립 시에는 최대한 현실적인 목표치를 제시하는 게 좋다. 그리고 운영 과정에서 자산관리자가 통제할 수 없는 요인이 발생했다면 자산관리자는 이를 극복할 수 있는 운영 방식에 대한 제안을 하고 최대한 목표를 달성할 수 있도록 노력해야 한다.

예를 들어, 예상치 못한 공실이 발생하거나 예정되었던 임대가 제대로 이뤄지지 않아 수입 예산을 달성하지 못했다면, 비용을 절감할 수 있는 부분을 찾아내거나 비용 운영 서비스 수준을 해치지 않는 선에서 통제를 해서 예산 대비 실적을 맞춰 나갈 수 있는 방안을 찾아야 할 것이다.

PART 07

자산 매각과 투자 전략의 이해

자산 매각과 투자 전략의 이해

07

01 부동산 자산 매각 절차의 이해

부동산 자산 매각 절차

펀드나 리츠가 보유하고 있는 빌딩은 일반적으로 투자 기간이 정해져 있어 투자 자금 회수를 위해서 일정 시점이 되면 매각을 준비하게 된다. 부동산 자산관리자는 평소에는 일상적인 운영 관리를 하다가 매각 시점이 되면 그에 맞춰 운영 계획을 수정하거나 변경하게 된다.

전문 투자자들이 매입한 대형 빌딩의 경우 매각을 하면 매각 자문사를 선정하고 입찰 형태로 공개 매각을 하는 게 일반적이다. 매각 자문사 선정을 시작으로 자산 매각을 준비하고 종결할 때까지는 보통 5~6개월 정도의 시간이 소요된다. 이런 과정을 자산관리자도 충분히 알고 있어야 매각 진행 중에 일어나는 일들에 대해 이해할 수 있고 또 원활한 매각을 위한 지원 업무를 할 수 있을 것이다.

[여의도 업무 권역의 빌딩들]

[부동산 매각 자문 업무 절차]

세부 업무 절차 순서도

자산 매각 시 자산관리자의 역할

만약 부동산 자산이 매각 된다면 해당 자산을 실질적으로 운영하고 있는 부동산 자산관리자의 역할이 매우 중요하다. 왜냐하면 매각 시에 필요한 많은 정보들을 자산관리자가 정리를 해줘야 하고, 또 마케팅하는 과정에서 가망 매수자들의 현장 방문 시 자산에 대한 안내와 설명 등 다양한 일들을 해야 하기 때문이다.

특히, 빌딩을 매입하고자 하는 투자자들은 해당 자산에서 발생하는 수익과 비용에 대한 정보를 가장 중요하게 살펴보고 매입에 대한 의사 결정을 한다. 따라서 자산관리자는 운영 수익 및 비용과 관련된 데이터를 일목요연하게 정리해 줄 수 있어야 한다.

또한 매각을 하는 과정에서 가망 매수자들을 대상으로 현장 실사를 진행한다. 이때 자산에 대한 전반적인 설명을 하고 빌딩을 둘러보면서 안내를 하는 역할도 해야 한다. 매각 자문사에 담당자가 어느 정도 설명을 하겠지만 자산관리자보다는 빌딩에 대한 정보가 부족할 수밖에 없다. 그래서 빌딩에 대한 강점이나 투자자들이 궁금해할 만한 요소들을 설명하는 세일즈 마케터의 역할도 해야 한다.

매각 협상이 진행되어 마무리되는 과정에서는 소유권 변경과 관련한 각종 제반 업무들을 해야 한다. 특히, 매도자와 매수자가 자산을 인수인계하면서 비용 정산을 할 때에 자산관리자는 매각 시점을 기준으로 자산에서 발생하는 수익과 비용을 정리하여 정산 협의를 할 수 있도록 정산표 작성을 해야 한다. 이렇게 정리된 정산 금액은 매각 대금에 반영되기 때문에 매우 중요한 업무이기도 하다.

자산관리자는 빌딩이 매각되면서 소유권이 바뀌고 새로운 매수자가 자산관리회사를 변경하면 해당 자산을 떠나야 할 수도 있다. 안정적인 자산을 운영하는 것도 좋지만 매각이 되는 과정에서 발생하는 다양한 업무를 직접 해보는 게 매우 중요하다. 대부분 자산관리자들이 운영 과정의 업무에는 익숙하지만 자산이 매각되면 자산관리자가 어떤 일들을 해야 하는지 실제로 경험해 보기는 쉽지 않기 때문이다.

대형 자산의 매각은 빈번하게 이뤄지는 거래가 아니기 때문에, 자산관리자가 매각에 대한 경험이 있다면 추후 다른 자산을 담당하여 운영할 때에 훨씬 수월하게 업무를 할 수 있다. 뿐만 아니라, 소유자에게도 매각 시에 고려해야 할 사항들에 대해 적절한 조언도 해줄 수 있을 것이다. 이런 경험을 바탕으로 매각 시에 자산관리자가 해야 하는 업무를 체크리스트 형태로 정리해 놓으면 누락되는 일 없이 효과적으로 매각업무를 마무리할 수 있을 것이다.

02 자산매입을 위한 가지 기본 실사

통상 펀드나 리츠가 보유한 자산들은 투자금액의 규모가 크기 때문에 일반적으로 기관투자자들이 다른 펀드나 리츠를 통해 투자하는 경우가 많다. 앞서 설명한 빌딩의 매각 과정에서 새로운 매수자는 매입하기 전에 자산에 대한 실사를 진행한다. 따라서 자산관리자는 새로운 매수자가 매입 시에 어떤 종류의 실사를 진행하는지 알고 있어야 한다. 실사 과정에서 부동산 자산관리자는 새로운 매수자가 어떤 것들을 집중적으로 살펴보는지 알고 있으면 적절하게 대응할 수 있을 것이다.

기관투자자들이 자산을 매입할 때에는 법률실사, 감정평가, 재무실사, 물리실사 등을 외부 전문 업체에 위탁하여 진행한다. 따라서 이런 실사들이 원활하게 될 수 있도록 협조를 하는 것도 자산관리자의 중요한 역할이다. 왜냐하면 매각하는 과정에서 정보 제공이 제때 되지 못하거나 잘못된 자료들로 인해 매각이 지연이 되거나 성사가 되지 않을 수도 있기 때문이다.

그러면 자산을 매입하는 과정에서 매수자가 진행하는 실사들의 내용을 하나씩 간략하게 살펴보도록 하자.

법률실사

법률실사는 자산을 매입할 때 법률적으로 문제가 없는지 살펴보고, 또 어떤 구조로 매입하는 것이 효과적일지에 대한 전반적인 검토를 하는 것이다. 그리고 매입 전에 우선협상대상자 선정 과정에 체결하는 MOU와 본계약 체결 시에 매매계약서 검토 등 매입 과정의 전반적인 법적 검토를 진행한다.

또한, 임차인과 체결한 임대차계약서에 대한 검토를 하고 만약 변경해야 할 임대차계약이 있거나 신규 임대차계약이 필요하면 새로운 양식의 표준 임대차계약서를 만들기도 한다.

이런 법무실사 업무는 부동산 전문 법무법인을 통해 진행이 된다. 보통 매입 검토를 시작하면 법률 검토에 필요한 자료들을 매도자에게 요청하게 되는데 이때 웹하드를 활용하여 온라인 데이터룸을 만들고 자료 제공을 하기도 한다.

감정평가

빌딩을 매입할 때에는 적정한 시장 가격에 매입하는 것인지에 대한 검토가 필요하다. 이를 위해 매수자는 감정평가사나 감정평가법인을 통해 매입하는 자산에 대한 가격 검토 요청을 한다. 공신력 있는 감정평가사가 작성한 감정평가서를 통해 자산 매입을 위한 공식적인 감정평가가격을 받게 된다.

감정평가서는 원가방식, 비교방식, 수익방식 등 감정평가 3방식 중에서 자산에 적합한 방식을 택하여 평가가 이루어진다. 이렇게 감정평가서를 받게 되면 매입 가격에 대한 적정성을 판단할 수 있고 부동산 담보대출 등을 위한 근거 자료로도 활용이 된다.

재무실사

투자 수익을 목적으로 하는 부동산 펀드나 리츠를 통해 자산 매입 검토를 할 때는 투자 기간 동안 얼마만큼의 배당 수익이 발생 가능하고 매각 시에는 어느 정도 매각 차익이 날 수 있는지 먼저 예측을 한다. 부동산 투자 상품을 만드는 것이기 때문에 수익성이 있는지가 가장 중요하기 때문이다.

재무실사는 보통 회계법인에 용역을 맡기는데, 엑셀을 활용하여 재무모델을 만들고 보유 기간에 운영 수익과 매각 시 매각 차익에 대해 다양한 조건하에서 시뮬레이션을 해본다. 이런 예측을 통해 투자 시에 투자자들에게 어느 정도 수익을 가져다줄 수 있는지, 또 대출기관은 운영 기간 동안에 안정적으로 이자를 받을 수 있는지 등을 검증하는데 활용한다. 더불어 재무모델을 통해 자금 운영 계획이나 매각 시점에 대한 시나리오를 만들어 보고 투자 의사 결정을 내린다.

물리실사

물리실사는 빌딩의 외관에서부터 내부에 있는 건축 설비 등에 대한 물리적인 현황을 전체적으로 검토하는 것을 말한다. 자산관리회사 등에 있는 물리 실사팀을 통해 진행을 하는 게 일반적이다. 새로운 매수자는 실사 보고서를 통해 물리적인 현황을 살펴보고 자산 매입 후에 문제가 발생할 만한 점은 없는지 파악할 수 있다.

물리실사 과정에서 문제점을 발견하거나 중대한 하자가 있다면 매도자와 가격 협상에 이를 활용할 수도 있다. 그뿐만 아니라 인수

후에 시설과 관련하여 어떤 부분에 대해 개선이 필요한지 사전에 확인할 수 있고, 수선이나 유지 보수 계획을 위한 비용 산정의 정보로도 활용할 수 있다.

[빌딩 옥상의 각종 건축 설비]

01	02	03	04
법률실사	감정평가	재무실사	물리실사
법적 위험 확인 계약서 검토	적정 매입금액 공식적인 자산 가격	재무 모델 수익성 민감도	물리적 현황 운영 계획 수립 정보

03 부동산 금융 용어와 자산 가격 산정

자본환원율

자산관리자는 부동산을 운영하는 실무자로서 지금 내가 관리하는 자산의 가치가 어느 정도인지 주기적으로 확인할 필요가 있다. 부동산 펀드나 리츠의 투자 목적 가운데 매각 가치를 향상시켜 매각 차익을 극대화하는 것도 중요하기 때문에 운영 중인 자산의 가치에도 관심을 가져야 한다.

그렇다면 자산 가치를 산정하거나 다른 자산들과 비교를 할 때 어떤 기준을 가지고 투자자들이 검토를 하는지 알 필요가 있다. 부동산 투자 업무를 하는 데 있어 투자자들이 많이 사용하는 용어가 바로 자본환원율(Capitalization Rate : Cap. Rate)이다.

자본환원율은 부동산 운영에서 발생한 순운영이익을 부동산의 시장가격으로 나눈 것을 비율로 나타낸 것이다. 결국, 자본환원율은 부동산에 투자를 했을 때 투자자가 기대할 수 있는 수익률의 개념으로 이해하면 된다. 퍼센트(%)로 표기되기 때문에 각기 다른 부동산의 수익률을 비교하기에 용이하고 직관적이어서 널리 사용되고 있다.

Cap. Rate를 활용하면 자산의 가치도 손쉽게 추정해 볼 수 있다. 예를 들어, 오피스에 투자했을 때의 시장에서 Cap. Rate 수준이 4%라고 하면, 투자하고자 하는 자산에서 발생한 순운영이익(NOI)을 4%로 나누면 해당 자산의 가격 수준을 가늠해 볼 수 있다. 이는 자본환원율 수식을 활용하여 자산의 가치를 추정하는 방식이다.

따라서 시장에서 Cap. Rate 수준의 변화에 따라 자산의 가치도 변할 수 있는 것이다. 즉 어떤 자산의 시장 Cap. Rate가 상승한다는 것은 그만큼 자산 가치가 하락한다는 뜻이고, 반대로 Cap. Rate가 낮아진다는 것은 자산 가치의 상승을 의미한다. 따라서 시장의 Cap. Rate의 변동 상황에 따라 자산을 매입할지 아니면 매각해야 할지 의사 결정 수단으로도 활용이 가능하다.

또, 부동산 매입 시에는 담보대출을 활용하는데 시장의 대출 이자율보다 Cap. Rate가 높아야 투자자들에게 배당을 줄 수가 있다. 따라서 시장 금리와 Cap. Rate의 상관관계를 이해하고 자산의 성격에 따라 요구 수익률도 달라지는 것들을 고려하여 자산 가치를 판단할 수 있어야 한다.

- 자본환율 (Capitalization Rate)

= 순운영이익 (연간 총수익 – 연간 총비용) / 시장가격

= 순운영이익 (연간 총수익 – 연간 총비용) / 부동산 매입가격

$$\text{Cap. Rate} = \frac{NOI}{Asset\ value}$$

해석 방법

구분	자산가치	의사결정
Cap. Rate ↑	하락	매입
Cap. Rate ↓	상승	매각

Cap. Rate는 Going–in Cap. Rate와 Exit Cap. Rate 또는 Terminal Cap. Rate로 구분할 수 있다. Going–in Cap. Rate는 자산을 매입했을 당시의 Cap. Rate를 말한다. 자산 매입 가격에 따라 그 비율이 달라진다.

그리고 Exit Cap. Rate 또는 Terminal Cap. Rate는 자산을 운영하

다 매각했을 때의 Cap. Rate로 자산을 매각하는 해당 시점의 가격에 따라 달라진다. 또, 매각 가치 예상을 하는데 사용될 때에는 미래에 어떤 가격으로 매각을 가정하느냐에 따라 달라질 수 있다.

따라서 매각가 추정 시 사용되는 Exit Cap. Rate는 비교 사례 데이터나 자산의 입지나 특징, 또는 경제 상황의 변동성 등을 고려하여 논리적으로 추정해야 한다.

전문 투자자들은 자산 매입 시에 정해진 운영 기간 후에 매각을 가정하는데, 이때 어떻게 Terminal Cap. Rate를 정하느냐에 따라 매각 차익이 달라지기 때문에 신중하게 검토하여 적정한 수준의 Cap. Rate를 적용해야 한다.

- Going-in Cap. Rate 자산 매입 시의 자본환원율
- Exit Cap Rate, Terminal Cap Rate 자산 매각 시의 자본환원율
  - 기대되는 차년도 NOI를 Terminal Cap. Rate로 나누어 자산 가치를 구한다.
  - 비교 사례 데이터 또는 자산의 입지나 특정 속성을 통해 판단한다.

감정평가 3방식의 이해

앞서 살펴본 자산 매입 시 진행하는 4가지 자산실사 가운데 감정평가는 부동산 자산이 시장에서의 공정가치가 어느 정도 수준인지를 가늠해 줄 수 있는 공식적인 자료가 된다. 즉, 감정평가서를 통해 시장에서 가격 수준이 어느 정도인지 확인할 수 있다.

감정평가의 대상이 되는 것은 건물, 토지, 임대료 등이다. 빌딩의

경우에는 건물과 토지에 대한 세부적인 가격을 평가받을 수 있고, 임대료 수준도 어느 정도인지를 감정평가를 통해 확인해 볼 수 있다.

자산관리자는 자산 인수 후 운영을 하면서 감정평가서를 볼 수 있는 기회가 생기기도 한다. 그래서 감정평가가 어떤 방식으로 구성되는지 기본적인 이해를 하고 살펴보면 업무를 하는 데 도움이 될 수 있다.

감정평가를 하는 방법은 3가지로 분류가 되는데 이를 감정평가의 3방식이라고 부른다. 크게 원가방식, 비교방식, 수익방식으로 분류를 한다. 그리고 각 방식은 대상 물건의 가액을 산정하는 방법과 임대료를 산정하는 방법 2가지로 구분할 수 있다.

자산관리자는 감정평가사 정도 수준의 이해도는 아니더라도 각각의 평가 방식이 어떤 식으로 이루어지는지 개념 정도만 알고 있어도 운영하고 있는 자산의 가치를 이해하는 데 도움이 될 수 있다. 그러면 감정평가의 3방식에 대해서 간략하게 살펴보도록 하자.

첫 번째, 원가방식은 말 그대로 그 자산을 취득하는 데 들어간 원가를 고려하여 가치를 산정하는 방식이다. 토지를 매입하는데 필요한 비용과 건축물을 신축하는데 들어가는 원가를 근거로 자산 가치를 산정하는 방법이다.

두 번째, 비교 방식은 유사한 자산들이 시장에서 거래가 되는 가격을 기준으로 가치를 판단해 보는 것이다. 예를 들어, 유사한 위치나 권역에서 거래된 빌딩의 가격이 3.3제곱미터 당 3,000만 원에 거래가 되었다면, 이와 비슷한 수준에서 자산 가치를 산정하고 가격에 대한 보정을 통해서 가치를 산정하는 방법이다.

세 번째, 수익 방식은 자산에서 발생하는 순수익이나 현금흐름을 바탕으로 대상 물건의 가액을 산정하는 방법이다. 예를 들어, 빌딩에서 발생하는 순영업 이익을 할인율로 나누어서 빌딩의 자산 가치를 추정하는 것이다.

감정평가의 대상 : 건물, 토지, 임대료 등

- 감정평가의 3방식

1. 원가방식 : 필요한 원가를 계산하는 방법 → 원가 관점
2. 비교방식 : 유사한 거래를 비교하여 계산하는 방법 → 시장 관점
3. 수익방식 : 기대수익을 활용하여 계산하는 방법 → 투자 관점

[감정평가의 3방식]

1. 원가방식	1. 원가법	대상 물건을 재생산하거나 재취득하는데 필요한 원가를 기준으로 가치 하락 요인 등을 감가수정하여 가액을 산정하는 방법
	2. 적산법	대상 물건이 원본 가치이 기초가액에다 투입된 자본에 대해 기대되는 임대수익의 비율인 기대이율을 곱하여 기대수익을 산정하고, 이의 운영을 위해 필요한 모든 경비를 더하여 대상 물건의 임대료를 산정하는 방법
2. 비교방식	1. 거래 사례 비교법	대상 물건과 유사한 거래 사례와 비교하여 사정보정, 시점 수정, 가치 형성 요인 비교 등을 통해 가액을 산정하는 방법
	2. 임대 사례 비교법	대상 물건과 유사한 거래 사례와 비교하여 사정보정, 시점 수정, 가치 형성 요인 비교 등을 통해 임대료를 산정하는 방법
	3. 공시지가 기준법	대상물건과 유사한 가치가 있는 표준지 공시지가를 기준으로 시점수정, 지역 요인 및 개별 요인 비교를 통해 대상 토지 가액을 산정

3. 수익방식	1. 수익환원법	대상 물건에서 미래에 발생할 것으로 기대되는 순수익이나 미래현금 흐름을 환원하거나 할인하여 대상 물건의 가액을 산정하는 방법
	1.1 직접 환원법 (Direct Capital-ization Method)	단일 기간의 순수익을 적절한 환원율로 환원하여 대상 물건의 가액 산정
	1.2 할인현금 흐름 분석법 (Discounted Cash Flow Method)	대상 물건 보유기간에 발생하는 순수익인 현금흐름과 보유기간 말의 복귀가액을 적절한 할인율을 적용하여 현재 가치로 할인한 후 더하여 대상 물건의 가액을 산정하는 방법
	2. 수익분석법	일반 기업 경영에 의해 산출된 총수익을 분석하고 대상 물건이 일정 기간에 산출될 것으로 기대되는 순수익에 대상 물건을 계속하여 임대하는데 필요한 경비를 더하여 임대료를 산정하는 방법

임대료와 매각가 비교 사례를 활용한 자산 가격 비교

자산관리자는 월간 보고서에 주변 경쟁 빌딩들의 동향을 조사하고 이를 분석한 내용을 작성한다. 공실률이나 신규 임대 현황을 조사하고, 임대료의 변동은 없는지를 확인하여 운영하고 있는 자산과 비교를 한다.

특히, 임대료와 관리비의 변동에 대해서는 최근에 체결된 계약 정보를 파악하고 있어야 한다. 이는 신규 임대나 재계약 시에 적정 임대료 수준을 반영하여 계약을 하는 데 중요한 정보로 활용할 수 있기 때문이다. 임대료 수준이 올라간다는 것은 자산 가치 상승과도 직결되기 때문에 기준이 되는 임대료의 수준이 경쟁 빌딩별로 어떤 금액대에서 형성되는가를 자산관리자는 항상 모니터링을 해야 한다.

[임대료 비교 예시]

빌딩명		운영 빌딩	빌딩 A	빌딩 B	빌딩 C	빌딩 D
빌딩 정보	소재지	여의도	여의도 A번지	여의도 B번지	여의도 C번지	여의도 D번지
	준공연도	1999	2010	2009	2016	2017
	층수	B3 / 20F	B6 / 16F	B6 / 17F	B4 / 20F	B5 / 13F
	연면적 (3.3㎡)	7,643	9,400	11,800	15,398	5,900
	전용률	50.59%	49.86%	60.00%	51.00%	51.27%
임대 정보	보증금 (원/3.3㎡)	614,000	610,000	700,000	680,000	590,000
	임대료 (원/3.3㎡)	61,400	61,000	70,000	68,000	59,000
	관리비 (원/3.3㎡)	36,300	36,000	40,000	30,000	37,000
	NOC. (원/3.3㎡)	193,121	194,545	183,333	192,157	187,244

마찬가지로 인근의 빌딩들이 거래되는 매각 사례들도 조사하고 최근에 거래된 자산들이 있다면 이를 추가하여 매각이 되는 3.3제곱미터당 가격 수준이 어느 정도인지도 알고 있어야 한다. 비교 거래 사례의 추이를 살펴보면서 매각 시점에 대한 판단을 할 수도 있고 시장 상황을 파악하는 데 도움이 되기 때문이다.

[매각가 Comp 예시]

거래 사례		빌딩 A	빌딩 B	빌딩 C	빌딩 D	빌딩 E
빌딩 정보	소재지	여의도 A번지	여의도 B번지	여의도 C번지	여의도 D번지	여의도 E번지
	준공연도	2011	2009	2014	2017	2011
	층수	B6 / 17F	B5 / 20F	B6 / 18F	B5 / 13F	B6 / 17F
	연면적 (3.3㎡)	8,468	9,687	8,598	6,990	8,467
	대지면적 (3.3㎡)	969	1,100	930	650	950
거래 정보	거래시기	2018	2019	2020	2020	2021
	거래면적 (3.3㎡)	8,468	9,687	8,598	6,990	8,467
	매매가 (천 원)	117,992,300	132,000,000	130,300,000	115,800,000	135,800,000
	평당 매매가 (천 원)	13,934	13,627	15,155	16,567	16,039
	매도자	××생명보험	××자산운용	㈜ XYZ	××프로젝트 금융회사(주)	××자산운용
	매수자	㈜ ABC	××자산신탁	××리츠운용	×× 인베스트먼트	××리츠운용

실제 현업에서는 감정평가나 재무실사를 통해 가격을 산정하기도 하지만, 실질 임대료 수준과 주변 매각 사례들을 고려하여 대략적인 자산 가격을 산정하기도 한다. 따라서 임대차계약 체결 사례와 미래의 실질 임대료 상승 여력 등을 자산관리자가 정확하게 확인하고 조사하여 임대인이 자산과 관련된 중요한 의사결정을 해야 할 때 합리적인 판단의 근거로 활용할 수 있도록 해야 한다.

대출 이자율과 자산 가격

일반적으로 부동산 펀드나 리츠는 자산을 매입할 때 담보 대출을 활용한다. 보통, 투자 기간 동안에 고정된 이자율로 대출을 받기도 하지만, 경제 상황에 따라 변동 금리를 활용하기도 한다. 또, 대출 만기가 도래한다면 대출 기관이나 조건을 변경하는 리파이낸싱을 해야 할 때도 있다.

빌딩 매입 시 활용한 대출의 이자율 변동은 자산의 순운영 수익인 NOI에는 영향을 주지는 않지만, 자기자본(Equity)을 투자한 투자자들에 줘야 하는 배당 수익에 영향을 주게 된다. 만약, 대출 이자율이 상승하게 되면 배당 수익이 감소하게 되는데, 결국 자산으로부터 발생하는 기대 수익이 줄어들게 되어 자산 가격이 하락한다.

투자자들은 자산에서 발생하는 배당 수익률과 대출 이자율의 비교를 통해 대출 비율을 어느 정도로 유지하고 대출금액은 얼마나 받을 수 있을지 판단한다. 이를 바탕으로 대출이자를 감당할 수 있는 배당 수익이 발생할 수 있는 자산이라면 대출 비율을 높여서 레버리지 효과를 낼 수 있는지 여부를 검토한다. 따라서 매각 시에 시장 이자율이 어떤 수준인지에 따라 자산 가치에 영향을 줄 수밖에 없는 것이다.

이처럼 대출 이자율은 자산 가격에 많은 영향을 주기 때문에 자산 관리자도 경제 현황을 잘 살피고 운영하는 자산의 전략이 수정되면 그에 맞는 방향으로 자산을 관리할 수 있어야 한다. 예를 들어, 이자율이 상승하여 배당 수익률에 문제가 생기면 임대료 수준을 올리거나 비용 절감을 통해 투자 시에 약속했던 수익률을 맞춰야 한다. 그렇게 자산 관리자도 상황 변화에 맞는 적합한 운영 전략을 현장에서 수행할 수 있어야 한다.

04 투자 자금의 구성과 자금의 종류

투자 자금의 구성

부동산 펀드나 리츠를 통해 빌딩을 매입할 때는 일반적으로 자기자본, 대출금 그리고 임차인의 보증금을 활용한다. 부동산 자산관리자는 부동산 펀드나 리츠가 사모 투자의 방식이라면 투자 세부내역에 대해서 알기는 어렵다. 반면, 공모 펀드나 공모 리츠의 경우 투자 정보를 공시하기 때문에 관련 정보를 누구나 확인할 수 있다.

자기자본의 경우에는 기관투자자들의 자금을 활용한 블라인드 펀드를 통한 투자가 늘고 있는데, 이런 블라인드 펀드는 투자 목적과 대상, 그리고 요구 수익률 등의 가이드라인이 정해져 있다. 자기자본에 투자한 투자자는 보유기간 동안에 배당 수익과 추후 매각 시 자산 가치가 상승하면 매각 차익을 향유할 수 있어 이를 목적으로 투자를 하는 것이다.

그리고 대출금은 투자 기간 동안에 안정적인 이자를 받는 것을 목적으로 투자를 한다. 대출 투자자는 자금을 조달하는 방법과 투자 자산의 위험도에 따라서 요구하는 이자율이 달라진다. 대출은 이자만을 받고 추후 매각 차익이 발생하는 것에 대한 배당은 받을 수 없다. 다만, 자산 가치 하락이나 경공매 등으로 매각이 될 때에는 근저당권 등의 권리 설정으로 안전장치를 걸어놓는 경우가 많아 자기자본보다 우선적으로 반환받을 수 있는 권리가 있다.

마지막으로 임대 보증금은 매각 시에 임차인에게 반환하지 않고 새로운 매수자에게 승계되는 게 일반적이다. 운영하는 도중에 임차인이 퇴거하면 반환하고 새로운 임차인이 입주를 하면 보증금을 받아 이를 운용한다.

자산관리자는 소유자를 대신해서 업무를 하는 것이기 때문에 빌딩 매입 시 투자 자금의 구성을 잘 알고 있어야 그 목적에 맞게 운영하고 자산관리보고서 작성 등의 업무를 할 수 있다. 특히, 부동산 펀드나 리츠에 투자된 자금들은 투자자들의 성향에 따라 투자 목적과 기간이 정해져 있기 때문에 그 특징을 알고 자산을 운영하고 관리해야 한다.

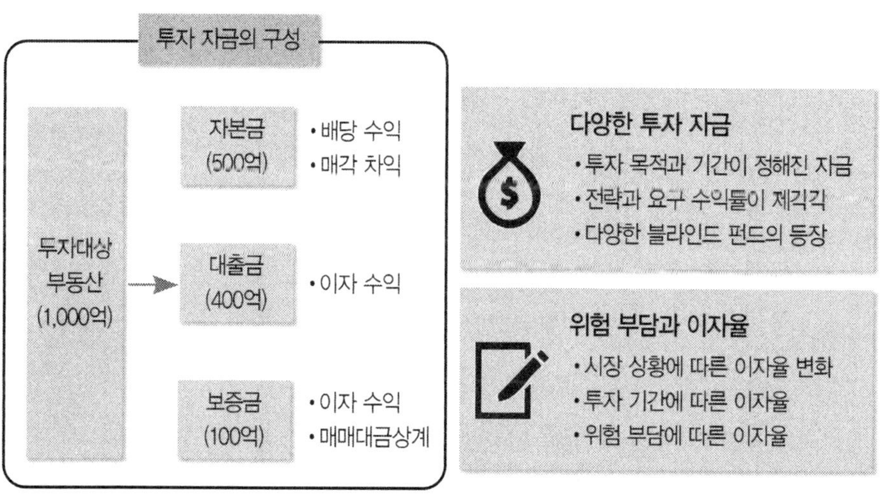

빌딩 매입을 위해 조달한 투자 자금은 부동산 매매대금과 취득 시에 발생하는 각종 세금 납부와 매입 시 진행했던 실사 비용 등 취득 부대비용과 운영을 위한 예비비 등으로 사용된다.

각각의 투자 재원을 조달하기 위해서는 이와 관련한 계약서가 필요하다. 보통, 자기자본 조달을 위해서는 투자 약정서, 대출금은 대출 약정서 그리고 보증금은 임대차계약서가 근거 서류가 된다.

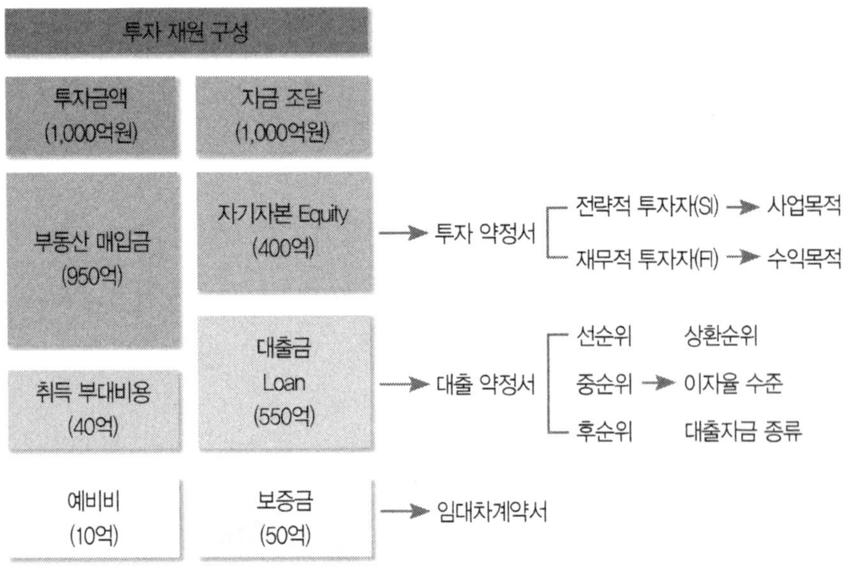

투자자의 종류에 대한 이해

부동산 펀드나 리츠에 투자하는 투자자들은 크게 Equity 투자자와 Loan 투자자로 나눌 수가 있다. 국내에서 활동하는 주요 Equity 투자자들은 주로 국내외 기관 투자자들이라고 할 수 있다. 경우에 따라 사옥 수요가 있는 기업들이 투자에 참여하기도 한다.

Loan 투자자는 은행들이 주를 이루고 있는데 국내외 시중은행, 저축은행 등이 있다. 그리고 생명보험회사, 화재보험회사, 캐피탈 회사, 협동조합 등이 적극적으로 대출 투자자로 참여를 하고 있다. 이외에 대출형 펀드를 운용하는 자산운용사들도 대출 투자자로 참여한다.

Equity	해외 투자자 • 부동산투자회사 • 해외 연기금	국내 투자자 • 연기금 • 공제회	전략적 투자자 • 건설사 • 자산관리회사	증권사 • 총액인수	개별기업 • 보통주 • 사옥수요
Loan	시중은행	저축은행	생명보험사	화재보험사	대출펀드

자산관리자는 현재 운영하는 자산의 실제 투자자가 누구인지 알고 있을 필요가 있다. 보통 부동산 펀드나 리츠의 경우 투자 비히클(Vehicle)로 활용되어 실제 투자자는 다를 수 있기 때문이다. 결국, 투자자들의 성격에 따라 자산관리자에게 요구하는 내용들이 달라질 수 있다. 예를 들어, 해외 투자자들의 경우 ESG(Environment, Social, Governance) 관련 요구 사항들을 강조하거나 친환경 관련 인증(LEED 인증, WELL 인증)을 받는 것을 선호하여 관련 업무들을 처리해야 할 경우도 있다.

05 다양한 투자 구조화를 통한 전략

부동산 펀드나 리츠를 활용해 빌딩을 매입하는 자금들은 요구하는 수익률, 투자 기간, 투자 목적 등이 다르다. 게다가 금융 시장은 수시로 변하고 매입 시점에 자산마다 처한 투자 환경도 다르기 때문에 그에 따른 매입 전략을 다양하게 활용한다.

전문투자자들은 자금 조달 과정에서 투자 구조화를 통해 투자 수익률을 극대화하고 투자 자금 회수를 안전하게 할 수 있는 장치들을 만든다. 그러면 자산 매입 시에 어떤 전략을 활용하여 투자 구조화를 하는지 하나씩 살펴보도록 하자.

Equity 투자자 Trench를 활용한 다변화 – 이종 수익증권

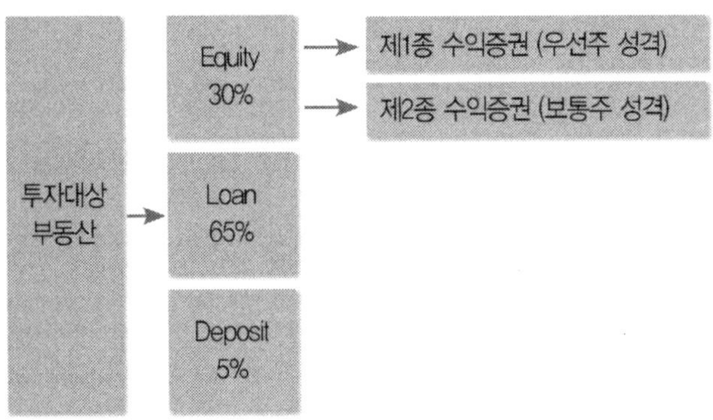

자산 매입 시 자금 규모가 크거나 전략적으로 투자자를 모집하는 경우에 Equity 투자자를 나누기도 한다. Equity 투자에 참여하는

자금들도 요구하는 수익률과 조건이 다르기 때문에 이를 활용하는 것이다. Equity에 참여하는 투자자의 수익증권을 제1종과 제2종으로 나누고 투자자들 간의 수익을 극대화할 수 있는 투자 구조를 만든다.

이렇게 Trench를 나누는 것은 제1종 수익증권의 요구 수익률이 제2종 수익증권보다 높은 자금을 모집해야 할 때 활용한다. 예를 들어, 제1종 수익증권의 배당 수익률 배분을 더 높이기 위해 제2종 수익증권은 보유 기간 동안 낮은 수익률을 받는 구조를 만든다. 이를 통해 제1종 수익증권의 투자 수익률을 높여 투자자 모집을 쉽게 만들 수 있다.

낮은 배당을 받는 제2종 수익증권은 운영 기간 동안 배당보다는 추후 매각 차익 발생 시 배분율을 더 높게 받는 방식으로 투자자들 간의 약정을 통해 전체적인 투자 수익률을 맞추는 것이다. 이렇게 투자 수익의 배분 방식과 투자 금액을 유연하게 할 수 있어 투자 구조화를 할 때 Equity 투자자를 Trench로 나누어 활용하는 것이다.

Loan 투자자 Trench를 활용한 다변화 – 선, 중, 후순위 구조

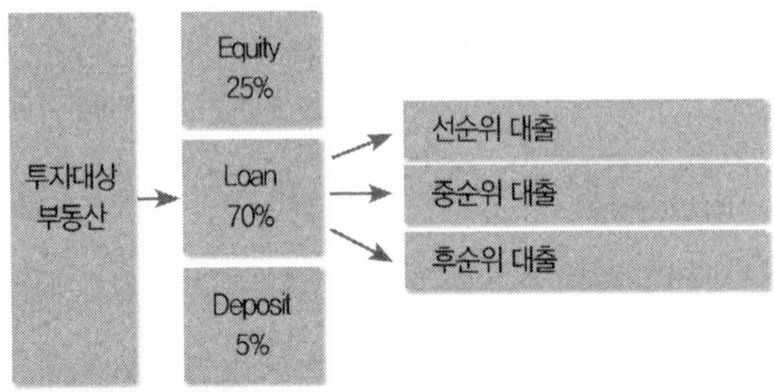

Equity 이외에 Loan도 Trench를 나눠서 구조화를 할 수 있다. 자산에서 발생 가능한 현금흐름의 수준이 대출 이자를 감당할 수 있다면 대출을 적극적으로 활용하여 투자 수익을 높일 수 있다. 대출을 활용하여 Equity 투자의 레버리지 효과를 극대화하는 것이다.

예를 들어, 대출을 Trench로 나눠 선순위, 중순위, 후순위로 구분을 하고 대출금 회수에 대한 리스크를 대출 투자자들끼리 분산하는 것이다. 선순위 투자자는 이자율이 가장 낮지만 우선적으로 대출금 회수의 권리를 갖고, 반대로 후순위 투자자는 고금리를 받을 수 있지만 대출금 회수 시에 가장 마지막에 받아 가는 구조가 된다. High Risk High Return 구조로 각자 감당할 수 있는 위험 수준에서 대출금액과 금리를 결정하는 구조이다.

자산관리회사들의 PM 수주 – 보통주 참여와 임차 확약

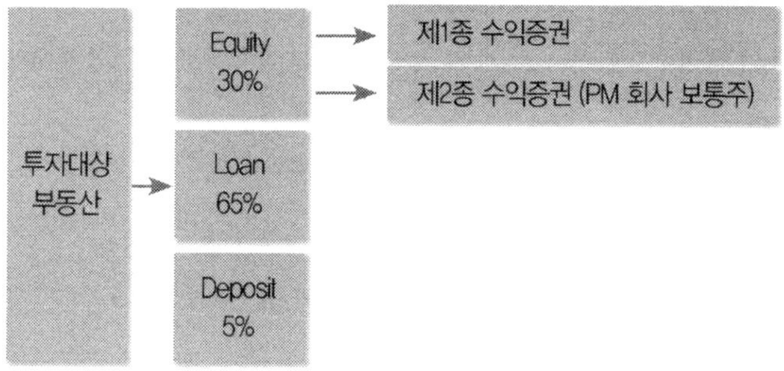

부동산 펀드나 리츠는 자산 매입 후에 일상적인 자산관리와 운영을 PM 회사인 자산관리회사에 외주 용역을 준다. 이렇게 자산의 소유자가 손바뀜이 일어나면 PM 회사들도 수주 경쟁을 위해 제2종 수익증권 보통주에 투자를 하기도 한다. 자산관리회사들 간의 수주 경쟁이 치열해지고 PM 수수료도 낮아지다 보니 수익도 확보하면서 자금 투자를 통해 PM 회사 선정 경쟁에서 우위를 확보하기 위한 방편으로 활용하는 것이다.

대기업 계열의 자산관리회사들은 보통주 투자에 참여하면서 프라임 오피스 빌딩이나 신축 대형 빌딩의 경우에는 관계사들의 이전이나 임차 확약 등을 PM 수주전략으로 활용하기도 한다. 다만, 이런 방식의 영업 전략은 대형 PM 회사에 국한되고 자금 여력이 풍부한 곳들만 할 수 있어 중소형 자산관리회사들의 시장 진입을 어렵게 만들기도 한다.

자산관리회사는 보통주 투자에 참여함으로써 향후 매각 차익을 향유할 수 있고, 투자자로서 자산관리와 운영에 더 많은 관심을 가지게 되는 구조이기 때문에 긍정적인 효과도 있다.

Equity 투자자와 Loan 투자자가 동일

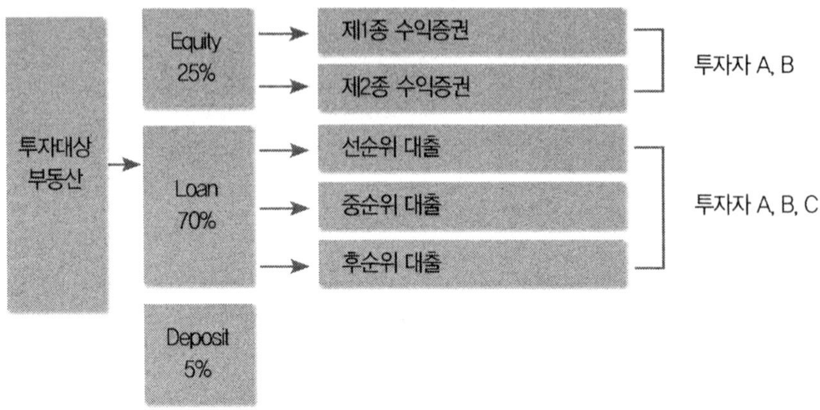

빌딩에 투자하는 Equity 투자자는 운영 중 배당 수익과 매각 시 매각 차익을 가져갈 수 있지만 향후 원본 가치가 하락할 경우 이에 대한 투자 손실을 볼 수 있다. 반면, Loan 투자자들은 이자수익을 향유하지만 대출금 회수를 먼저 해갈 수 있는 권한이 있어 위험 측면에서는 Equity 투자자에 비해 다소 안전하다고 볼 수 있다. 투자자들도 각자 입장에서 감당할 수 있는 위험을 부담하고 최선의 선택을 통해 투자 수익을 극대화하고 싶어 한다.

이렇게 투자자를 모집할 경우 다양한 기관 투자자들이 있다 보니 자금 간의 성격들이 달라 이를 조율하기가 어렵다. 만약 가망 매수자가 우선협상자로 선정되어 투자자 모집을 한다면, 정해진 기간에 협의를 하는 게 쉽지가 않을 때도 있다. 그런 가운데 Equity 투자자와 Loan 투자자의 자금의 원천이 같은 곳이거나 관계사일 경우에는 이런 어려움을 조금이나마 해소할 수 있다. 예를 들어, 블라인드 펀드로 설정한 Equity 투자자가 보험사인데 같은 보험사가 대출로도 함께 참여하는 경우가 그런 사례에 해당한다.

이런 형태로 투자 자금이 구성되면 무엇보다 선호하는 투자 자산에 대한 이해도와 관점이 비슷할 가능성이 높고, 관계사 간의 협업이 수월하게 진행되어 신속한 투자 검토를 통해 빠른 의사 결정을 할 수 있다는 것이 강점이 된다. 결과적으로 거래를 빠르고 안정적으로 종결을 할 수 있는 투자 구조가 만들어지는 것이다.

Sale and Leaseback 이후 보통주 참여

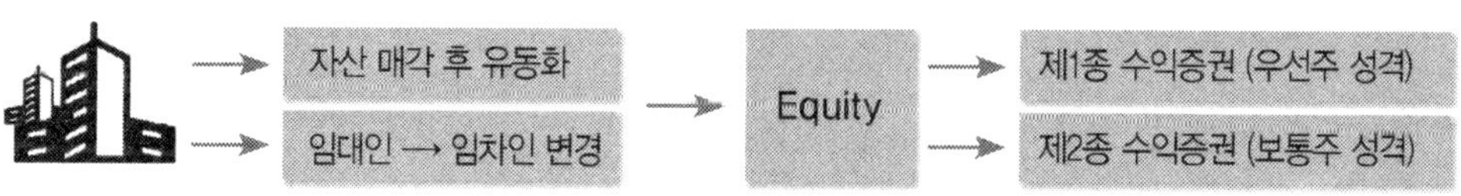

빌딩이 매각되는 사례 가운데 유동성 위기가 발생한 소유사가 부동산을 유동화시켜 자금을 확보하거나, 전략적인 투자자에게 회사가 인수되어 보유 자산을 매각하는 경우가 있다. 이때 임대인이었던 소유자가 매매계약과 함께 해당 부동산을 계속해서 사용하는 임대차계약을 체결하여 임차인의 지위가 되면서 자산을 매각을 하기도 한다. 이런 방식을 세일 앤드 리스백(Sales and Lease back)이라고 한다.

세일 앤드 리스백은 자산 유동화의 한 방법으로 자금 경색이 발생한 기업의 경우 부동산을 매각하면 큰 자금을 일시에 확보할 수 있어 부동산을 보유한 기업들이 자주 활용하는 전략 중에 하나이다.

당장은 자산을 매각하지만 일시적인 유동성 문제를 해결할 가능성이 있다면 추후 일정 시점에 매입을 할 수 있는 옵션을 조건으로 매각하기도 한다. 더불어 새로운 매수자의 보통주 투자자로 재투자를 하여 운영 이익이나 매각에 대한 권한을 가질 수 있는 안정장치를 추가하기도 한다.

건설사들의 책임준공과 Master Lease 구조

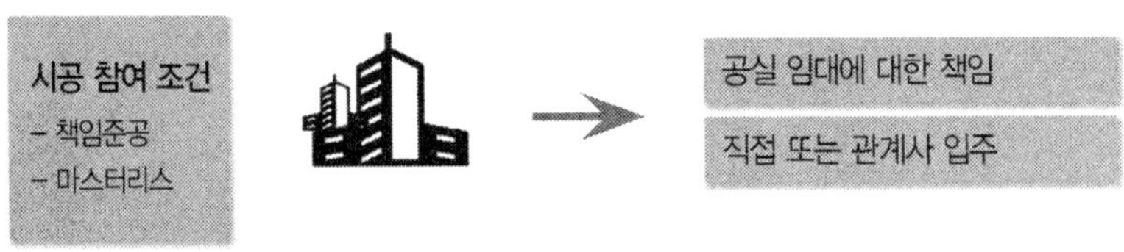

오피스 개발 사업 중에는 개발 자금을 위한 PF(Project Financing)를 위해 시공사가 신용 보강을 하면서 참여하는 사례가 있다. 개발 사업을 진행하는 과정에서 시행사에 문제가 생기거나 사업 과정에 문제가 생기더라도 시공사가 끝까지 책임을 지고 공사를 완료하는 조건인 책임준공 의무를 통해 준공 리스크를 경감시키는 것이다.

대형 프로젝트의 경우 시공사로 선정되기 위해 추후 공실 발생 위험을 제거하는 전략으로 책임 임대차를 조건으로 내걸기도 한다. 예를 들어, 일정 규모의 공간에 대해 정해진 조건으로 임대차계약을 해주는 것으로 프로젝트의 신용보강을 하는 것이다.

이를 통해 PF에 참여하는 투자자들은 향후 예측 가능한 현금 흐름을 확보할 수 있어 안정적인 금융 구조로 평가를 하기 때문에 투자자 모집이 수월해진다. 이외에 시공사도 보통주에 투자를 참여하면서 시공권 확보와 추후 매각 차익 발생 시 이익을 향유하는 구조를 만들기도 한다.

투자자의 조건부 선매입 구조

부동산 개발 프로젝트를 위해서는 토지 매입비와 공사 진행을 위한 시공비 등 대규모 자금이 필요한데, 이를 대부분 PF를 통해 조달하게 된다. PF의 참여자들은 무엇보다도 투자 자금의 회수 가능성에 대한 검토를 가장 최우선으로 한다. PF 사업이 근본적으로 미래에 발생할 현금흐름에 대한 위험을 감수하고 투자를 하는 것이기 때문에 예상과 다른 결과가 나올 수 있는 변동성이 큰 투자라고 할 수 있다. 이런 위험을 최소화할 수 있는 여러 가지 방안이 있겠지만, 투자한 자금을 회수할 수 있는 방법 중에 가장 안전한 것은 준공 시점에 누군가가 그 자산을 매입해 주는 것이다.

미래 시점에 수요가 풍부할 것이라고 예측하는 것은 현재에는 가능성이기 때문에 안전하다고 할 수 없다. 따라서 더 강한 신용 보강을 위해서 PF에 참여를 하면서 추후 자산이 준공되었을 때 특정 가격으로 선매입을 한다는 조건을 확약할 수 있다면 안전장치가 강화된 PF가 될 수 있다.

이런 구조가 만들어지면 PF 투자자들은 안정적인 투자라고 판단을 할 수 있다. 이와 함께 선매입자의 입장에서도 준공 시점에 경쟁을 하지 않고 자산에 대해 선제적으로 투자 검토를 하고 매입할 수 있는 권한을 갖게 되는 장점이 있다.

다만, 이런 선매입 구조의 투자 결정을 위해서는 향후 상업용 부동산 시장에서 빌딩에 대한 수요가 증가할 것이라는 전제가 있어야 한다. 이와 반대로 준공 시점에 해당 자산의 시장 가치가 하락하거나 건설과정에서 개발원가가 높아져서 매도자가 약속한 가격에 팔면 손해가 발생하는 등의 상황이 된다면 선매입약정 자체가 무의미해지고 참여자들이 이를 지킬 가능성이 낮아질 수 있다.

우선 매수 옵션의 행사와 활용

앞서 설명한 것처럼 빌딩을 유동화하면서 추후 매도자가 자산을 다시 매입할 수 있는 우선 매수 권한을 가지는 계약을 체결하기도 한다. 이때 우선 매수 옵션의 행사 방법은 계약 방식에 따라 다르겠지만 행사 가격을 어떻게 정하는지가 가장 중요한 요소가 된다.

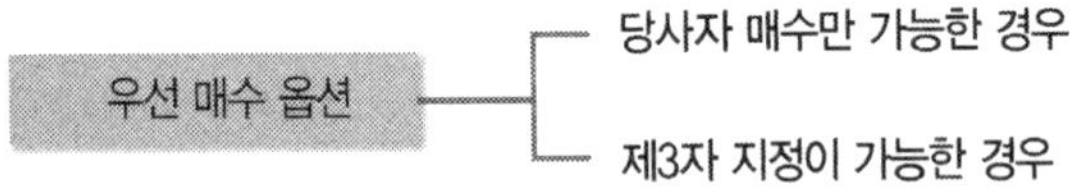

- 우선매수권 행사방법
  - 시장가격에 의해 협의하여 결정 (당시 감정평가 가격 활용)
  - 최고가에 일부 금액이나 비율이 정하여 매입하는 방법
  - 일정기간 후 정해진 가격으로 매입 하는 방법

우선 매수권이 프로젝트에 미치는 영향

- 우선매수권의 행사 가능성이 큰 경우 입찰 참여자가 저조할 수 있음
- 매각가를 올릴 수 있는 기폭제로 활용 가능
- 자산유동화 이후의 옵션으로 유용하게 활용 가능
- 제3자 지정 가능한 경우 매도자보다 지정권자가 더 큰 권한을 가짐

가격을 정하는 방법은 협의에 따라 달라지겠지만, 감정평가를 통해 해당 시점의 가격을 정하는 방법을 사용하기도 한다. 이외에 입찰을 진행하고 최고 가격보다 높은 가격으로 살 수 있게 하거나 추가 프리미엄만 지급하는 방식 등을 일반적으로 많이 사용한다.

또, 우선 매수권을 가진 자가 이를 직접 행사를 하는 방식도 있는 반면에, 이 우선 매수권을 제3자에게 지정할 수 있는 옵션을 넣기도 한다. 제3자 지정이 가능하면 추후 직접 매입할 수 있는 여건이 되지 못할 때 관계사나 관련자를 지정하여 매입할 수 있는 안전장치로 활용하기도 한다.

만약 옵션을 행사할 수 있는 시기에 시장의 수요가 증가하여 경쟁이 치열하다면 우선 매수권은 매각가를 높이는 기폭제가 되기도 한다. 이런 상황이 되면 매도자보다 실제 우선 매수권을 행사할 수 있는 옵션 보유자에게 관심이 더 쏠리는 경향이 나타날 수도 있다. 특히, 제3자 지정이 가능한 우선 매수권의 경우에는 매도자보다 해당 옵션의 지정권자가 매각에 대한 주도권을 가지는 일도 발생할 수 있다.

현금흐름의 안정성을 통한 구조화

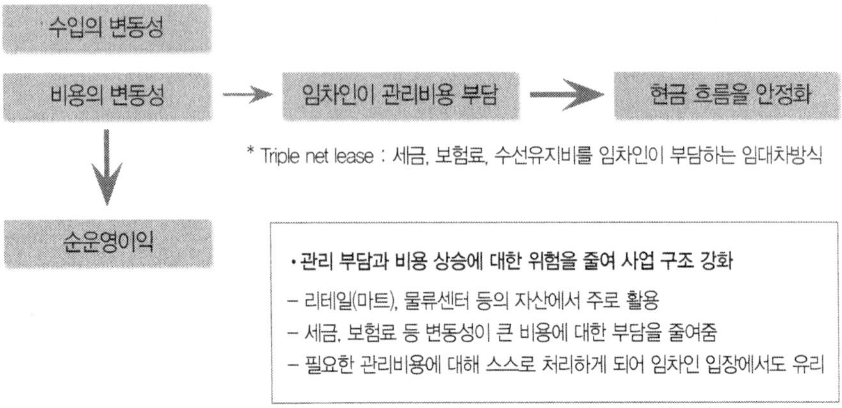

부동산 펀드나 리츠는 운영 기간 동안 투자자에게 배당을 지급해야 한다. 따라서 가장 중요한 것은 투자 기간 동안 현금흐름을 안정화시키는 것이다. 보통 임대료는 고정되어 있는데 반해 자산운영에 필요한 비용은 경제 상황에 따라 그 변동성이 크다. 빌딩 운영을 위해 일반적으로 관리비를 받지만 외부 환경 변화로 인해 물가 상승이나 인건비 상승 또는 제세 공과금과 보험료 인상 등으로 운영 비용이 상승하면 그만큼 수익이 악화가 된다.

전문 투자자들은 배당 지급을 안정적으로 하기 위해 비용의 변동성을 줄이는 계약 방식을 통해 보유 기간 동안의 현금흐름을 고정시킬 수 있는 임대차계약을 체결한다. 이런 계약 종류 중에 하나가 트리플넷 리스(Triple Net Lease)이다.

트리플넷 리스 방식의 계약은 임차인이 임대료는 물론 재산세, 보험료, 수선유지비를 부담하는 계약으로 비용 관련 위험 부담을 임차인이 책임지는 것이다. 이렇게 임차인의 비용 부담 범위에 따라 넷 리스를 구분할 수 있다. 이외에 Double Net Lease는 임차인이 임대료, 재산세, 보험료를 부담하는 것이고 Single Net Lease는 임대료와 재산세만을 부담하는 계약을 말한다.

이렇게 트리플넷 리스의 경우 보유 기간 동안 현금흐름의 예측이 쉽고 비용의 변동성을 낮출 수 있는 장점이 있다. 다만, 이런 방식의 임대차계약은 국내에서는 오피스 빌딩에서보다는 리테일이나 물류창고 등의 계약에서 많이 활용되고 있다.

Share Deal VS Asset Deal

부동산 펀드는 유지하면서 수익증권의 투자자만 변경하는 방식의 거래로 실물자산 거래인 Asset Deal과 구분

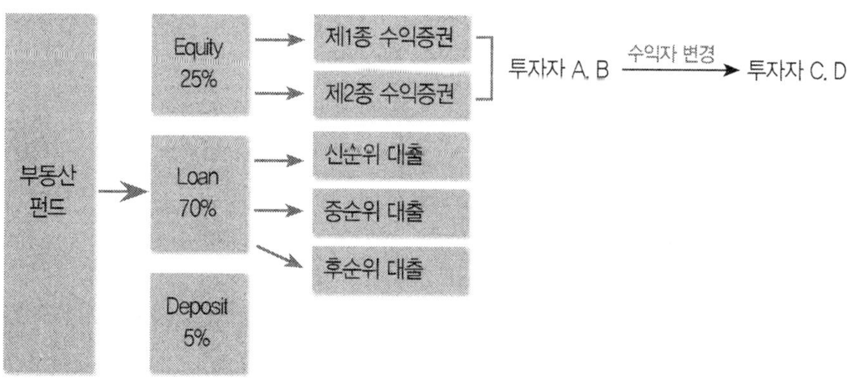

- **수익증권 인수를 통한 자산 투자방법**
  - 취득세는 면제되지만, 간주취득이나 취득세 부과 가능성 존재
  - 자산운용사는 투자상품을 유지할 수 있어 AUM 확보가 가능한 장점
  - 기존 수익자들의 동의를 받아야 하고 관련 절차를 위해 행정적인 업무가 필요

자산운용사가 만드는 부동산 펀드의 경우 수익증권에 투자한 투자자만을 변경하는 방식으로 자산의 거래를 하기도 한다. 이처럼 투자 도구인 펀드의 형태는 그대로 유지하면서 수익자만을 변경하는 것을 셰어딜(Share Deal)이라고 한다.

상업용 부동산 투자 시장에서 우량한 자산을 보유하고자 하는 경쟁이 치열해지면서 자산을 매각하기보다는 투자한 펀드를 계속 유지하면서 매각 차익을 얻을 수 있는 Share Deal 방식의 거래도 빈번해지고 있다. 자산운용사는 계속해서 실물 자산 펀드를 운영할 수 있고, 안정적으로 운용보수를 확보할 수 있다. 또한 Share Deal에 참여한 새로운 투자자는 취득세를 경감할 수 있는 장점이 있다.

이런 Share Deal의 경우 매각 시에 투자자들의 동의를 받아야 하기 때문에 투자자 수가 적은 사모 펀드 위주로 진행되는 경우가 대부분이다.

Refinancing

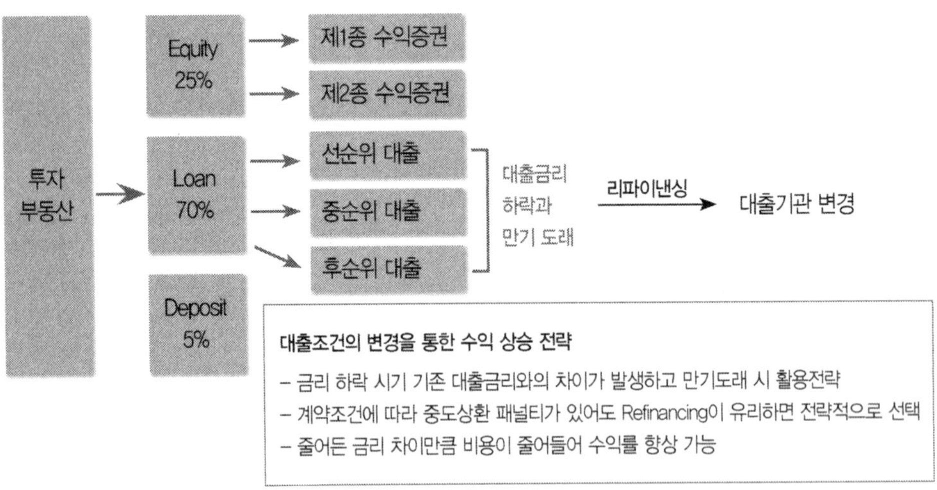

부동산 매입 시에 차입한 대출금은 보통 투자 기간 동안 금리가 변동되지 않는 고정금리 형태가 많다. 만약, 금융 시장 상황이 바뀌어서 기존에 받은 대출조건과 비교하여 대출 이자율이 하락하고, 대출 만기가 도래하는 시점이 다가와서 대출금 상환을 하더라도 페널티가 없다면 리파이낸싱(Refinancing)을 통해 기존 대출을 변경하여 투자 수익률을 극대화할 수 있다. 전략적으로 리파이낸싱을 하면 대출금리 차익만큼 수익률을 향상시킬 수 있기 때문에 투자자들은 시장의 금리 현황을 모니터링하고 운영 자산의 대출금 상환 시점을 결정한다.

반대로 담보대출을 저금리에 장기로 받았는데, 시장의 대출 금리가 상승 중이라면 셰어 딜을 통해 수익자를 교체하고 대출을 그대로 인수하는 투자 구조를 만든다면 투자자금 회수를 원활하게 할 수 있는 방안으로 활용할 수 있다.

Recapitalization

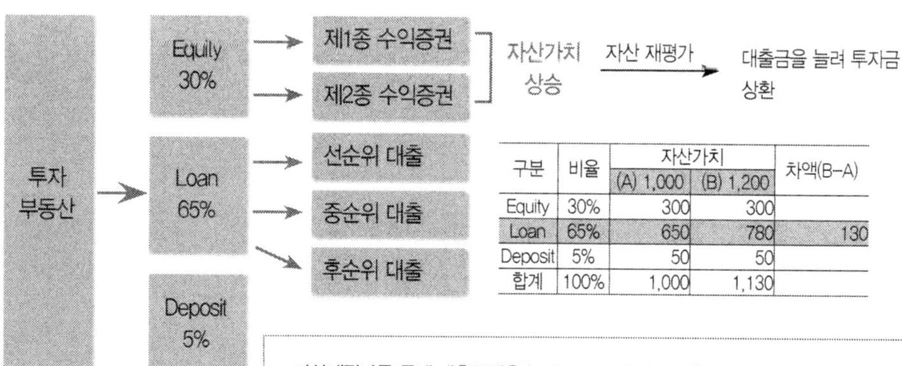

구분	비율	자산가치 (A) 1,000	자산가치 (B) 1,200	차액(B-A)
Equity	30%	300	300	
Loan	65%	650	780	130
Deposit	5%	50	50	
합계	100%	1,000	1,130	

자산재평가를 통해 대출금액을 늘려 Equity 투자금 상환

- 자산가치가 상승하면 대출 가능 금액이 늘어나는 것을 활용
- Equity를 회수하여 다른 프로젝트에 투자 가능
- 자금의 분산 투자를 목적으로 하는 투자자가 활용 가능한 전략

부동산의 가치는 우량 임차인이 입주하고 공실이 감소하여 임대 수입이 증가하거나 토지 가격이 상승하는 등 다양한 이유로 향상된다. 이렇게 자산 가치가 향상되면 부동산을 담보로 대출할 수 있는 금액도 함께 커지게 된다. 왜냐하면 대출 기관에서는 담보가치 평가를 통해 그 가액을 확인하고 위험 발생 시 회수가 가능한 수준을 검토하여 대출을 실행하기 때문이다.

예를 들어, 공실이 어느 정도 있는 상태에서 대출을 받았는데, 경기가 활성화되어 임대가 더 잘 되고 시장 임대료가 상승한 시점에 자산재평가를 받는다면 같은 규모의 담보대출 비율이라고 하더라도 더 많은 대출금을 받을 수 있다.

이렇게 동일한 담보대출 비율을 유지하는 가운데 자산 가치가 상승하여 대출 금액을 늘릴 수 있게 되면 Equity 투자자들에게 자금을 돌려줄 수 있는 여유가 생긴다. 이런 방식으로 Equity 투자자들에게 자금을 상환하는 것을 자본재조정(Recapitalization)이라고 한다. 늘어난 가치만큼 대출을 더 받고 투자자들에게 일부 자금을 돌려주는 것이다.

투자자들은 자본재조정을 통해 투자 자금을 회수하면 투자 만기 전에 투자금을 돌려받을 수 있고, 이렇게 확보한 여유 자금을 다른 곳에 재투자할 수 있다. 부동산 매각이라는 절차를 거치지 않더라도 투자 자금을 회수할 수 있는 방법으로 활용하는 것이다.

PART 08

자산 가치 향상 전략과 자산관리의 미래

자산 가치 향상 전략과 자산관리의 미래

08

01 부동산 자산 가치 향상 전략과 실행 방안

자산 가치 향상의 의미

자산관리자가 새로운 빌딩을 인수받았다면 일정 기간 동안은 운영을 안정화를 시키는 게 최우선 과제가 된다. 소유자가 변경되면서 기존에 관리를 하던 FM 회사나 외부 아웃소싱 업체들이 변경이 될 수도 있고, 임차인의 상황도 파악해야 하는 등 한동안은 처리해야 할 일들이 많을 수밖에 없다. 그렇게 어느 정도 시간이 흘러 자산의 운영이 안정화가 된 다음에는 자산 가치 향상을 위해 노력해야 하는 단계가 온다.

관리하고 있는 빌딩의 자산 가치를 향상시킨다는 것은 수익을 창출할 수 있는 요소를 찾아내는 것이라고도 할 수 있다. 기본적으로 빌딩에서 수익을 창출할 수 있는 방법은 임차인이 더 많은 임대료를 낼 수 있어야 가능하고 그것의 시작점은 임차인을 만족시키는 것이다.

그렇다면 자산 가치 향상을 위해 자산관리자는 어떤 역할을 해야 하는지 생각해보려면, 임차인에게 어떤 서비스를 제공하면 좋을지 먼저 살펴봐야 한다. 만약 빌딩에서 제공하는 서비스 수준이 높아 임차인이 사용하고 있는 공간에 만족감을 느끼고 우수한 업무 환경으로 인해 영업이 활성화되면 임대료와 관리비를 인상할 수 있는 요건이 될 것이다. 이런 선순환이 이어지면 더 나은 서비스를 제공할 수 있는 재원이 마련되고 임차인의 재계약률도 증가할 것이다. 게다가 시장의 평판까지 좋아져 신규 임대로 이어지면 빌딩의 임대율도 자연스럽게 상승하게 될 것이다.

기본적으로 자산관리자가 빌딩의 자산 가치 향상을 위해 할 수 있는 역할은 빌딩에서 좋은 서비스를 제공하여 임차인을 만족시키는 것을 목표로 설정하고 경쟁 빌딩보다 더 나은 공간을 만들기 위한 노력과 고민을 하는 것이다.

[자산 가치 향상을 위한 자산관리자의 역할]

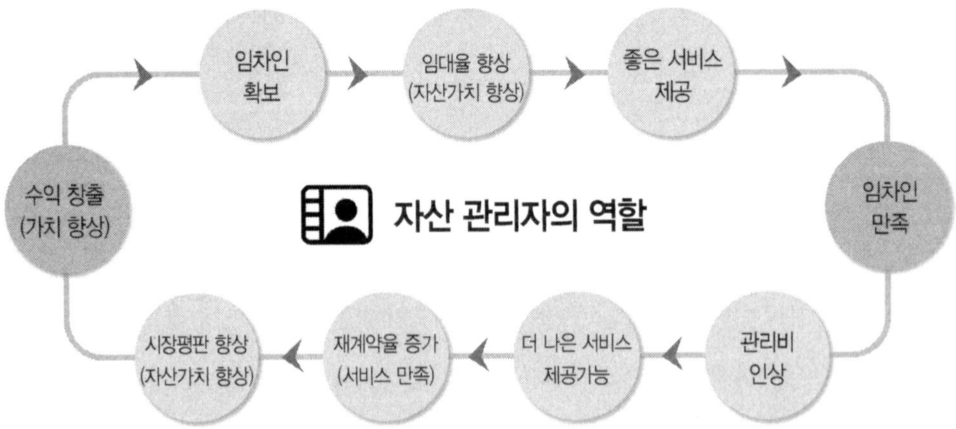

자산 가치의 종류

자산관리자는 운영하고 있는 빌딩의 자산 가치를 향상시켜야 하는 목표가 있다. 이런 자산 가치 향상이 물리적인 변화를 통해 이뤄진 것은 쉽게 확인할 수 있다. 예를 들어, 전문투자자들이 많이 하는 밸류 애드 전략 가운데 엘리베이터나 냉난방 설비를 교체하는 등 공용 시설에 대한 투자를 통해 건물의 가치를 향상시키는 것이 대표적이다.

반면에 서비스적인 요소의 변화를 통한 자산 가치 향상은 가격으로 환산하거나 변화의 크기를 측정하기 어려운 점이 있다. 예를 들어, 로비에서 근무하는 보안 및 안내 직원들이 방문객에게 친절하게 응대를 하거나 미화 서비스를 제공하는 수준이 높은 것이 자산 가치를 어떻게 향상시켰는지 측정하기가 쉽지 않다. 다만, 그 빌딩에서 생활하고 많은 시간을 보내는 임차인들은 서비스의 수준이 다르다는 것을 체감할 수 있을 뿐이다.

보통 상업용 부동산 시장에서 빌딩이 매각될 때 평가되는 가격은 자산에서 발생하는 현금흐름이나 수요와 공급의 원리를 통해 결정된다. 즉, 엑셀로 만들어진 재무모델의 템플릿 안에 정리된 숫자를 통해 감정평가사나 회계사들이 계산한 것이 그 자산의 가격이나 가치라고 평가받는다.

그렇지만 자산관리자가 빌딩을 운영하면서 임차인과의 관계 관리를 잘 형성해 놨거나 한 단계 높은 서비스를 제공하기 위해 노력했던 가치들은 그런 가격에는 포함되기 어렵지만 실제로는 분명 자산의 가치를 높인 활동을 한 것이다. 다만, 숫자로 표현되는 가치가 아닌 감성적인 가치로 그 자산에서만 느낄 수 있는 고유한 요소가 되는 것이다.

자산관리자의 역량이 빌딩 운영에 크게 중요하지 않다고 생각할 수도 있지만, 주요 도심에 있는 프라임급 빌딩 가운데 전문 자산관리회사가 운영하는 빌딩의 로비에 들어가 보면 일반 빌딩과는 다른 느낌을 받을 수가 있다. 로비에서 근무하는 직원들의 자세에서부터 바닥 대리석의 관리까지 조화롭게 운영되고 있어 다른 빌딩에서는 느낄 수 없는 분위기가 나는 곳들이 있다.

그렇게 자산관리자의 노력으로 만들어진 빌딩만의 고유한 분위기와 느낌은 빌딩의 매매 대금에 포함되지는 않지만 임차인들이 느낄 수 있는 감성적인 가치가 향상된 것이라고 할 수 있다. 이런 차별성은 결국 어떤 자산관리자가 운영하느냐에 따라 달라질 수 있는 것이다.

근본적으로 자산 가치 향상을 위해서는 순운영수익의 향상이라는 숫자에만 치중해서 운영을 해서는 안 된다. 간혹 부동산 펀드나 리츠가 소유한 자산들 가운데 비용 절감을 통해 수익적 가치를 높이려는 운영 방식을 택하는 곳들도 있다. 단기간에 성과는 날 수 있겠지만 장기적으로 임차인이 불편이나 불만을 느낄만한 요소가 더 늘어날 가능성이 커지는 것이다. 결국 진정한 자산 가치 향상은 임차인이 무엇을 원하고 있는지를 파악하면서 서로가 교감할 수 있는 감성적인 가치에도 관심을 기울여야 이뤄낼 수 있는 것이다.

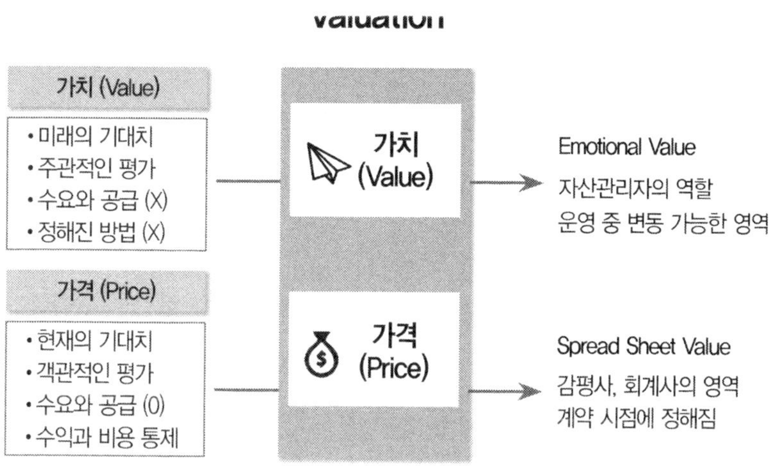

자산관리자를 통해 Emotional Value 향상 가능

자산 가치 향상 사례 탐구 – FM 근무자들의 업무 환경

빌딩 운영을 하는 데에는 자산관리자가 속해 있는 PM 팀도 있지만, 빌딩의 각 파트별 업무를 담당하고 있는 FM 팀의 인력도 있다. 인원 구성으로 봤을 때 FM 팀에 인력이 더 많을 뿐만 아니라 자산관리를 하는데 있어 이들의 역할이 굉장히 중요하다. 건물의 다양한 장비를 운영하고 수선하는 일에서부터 임차인이 사용하는 공간에 대한 미화 서비스는 물론 안전까지 책임지고 있기 때문이다. 보통 PM 팀보다 FM 팀 인력들이 임차인들과 마주하는 시간이 더 많다.

그렇기 때문에 앞서 설명한 감성적인 측면의 자산 가치 향상을 생각하고 있다면 FM 팀들에 대한 배려와 존중을 통해서 서비스 가치를 향상시킬 수 있어야 한다. 가장 일선에서 일하고 있는 직원들이 서비스를 향상하고자 하는 의지나 생각이 없다면 아무리 소유자나 PM 팀에서 노력한다고 해도 이를 이뤄낼 수 없기 때문이다.

자산 가치 향상이라는 목적을 달성하기 위해서는 빌딩에서 근무하는 사람들이 존중받고 있다고 느낄 수 있도록 만드는 것부터 시작을 해야 한다. 따라서 FM 팀들을 위한 근무 환경 개선이나 복지에도 신경을 쓸 필요가 있다. 내가 일하는 곳에 대한 자긍심을 가질 수 있어야만 그에 걸맞은 서비스도 임차인에게 제공할 수 있기 때문이다.

예를 들어, 직원들이 업무 외 시간에 휴식을 취할 수 있는 공간을 마련해 주고, 식사를 편하게 할 수 있는 장소를 마련하는 것은 기본이 되어야 한다. 또, FM 회사가 여러 곳이거나 외부 아웃소싱 업체들이 다른 회사 소속인 경우도 있다. 이럴 때 담당 직무가 다르더라도 누구와 함께 일하고 있는지 알게 해주면 협업을 하거나 효과적인 커뮤니케이션이 가능해져 서비스 품질을 높일 수 있는 토대가 될 수 있다.

[여의도 국제금융센터 IFC의 FM 팀 사례]

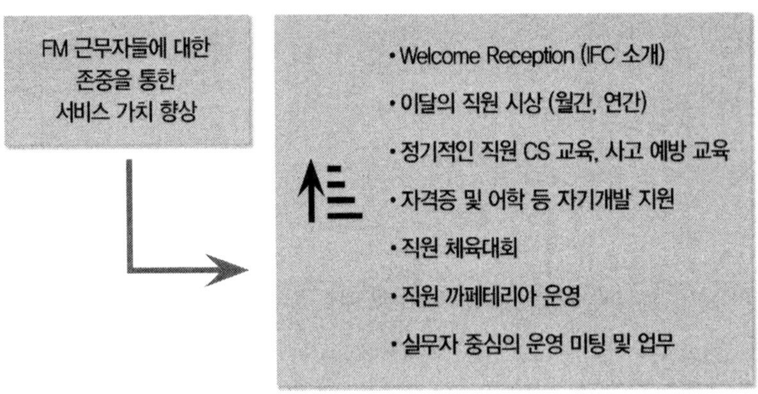

자산 가치 향상 사례 탐구 – 차별화된 빌딩 서비스

임차인은 빌딩이라는 공간에서 많은 시간을 보내게 된다. 직장에 출근하여 보내는 시간을 계산해 보면 집에서 수면을 취하는 시간을 제외한다면 아마도 대부분의 시간을 사무실에서 보낼 것이다. 그래서 빌딩은 업무를 하는 공간이기도 하면서 일상생활도 함께 이뤄져야 하는 곳이다. 그런 점에서 빌딩을 사무 공간으로만 볼 것이 아니라 일상생활의 관점에서도 바라봐야 더 나은 서비스를 제공할 수 있다.

[빌딩에서 제공 가능한 서비스 사례]

차별화된 서비스를 통한 자산 가치 향상	
• 정기적인 수선과 관리 • 통합 콜센터 운영 • 추가 미화 서비스 • 퀵서비스 데스크 운영 • 세차 서비스	• 구두수선 및 우산 대여 서비스 • 입주사 이벤트 (환영 이벤트, 입주 기념, 명절, 크리스마스) • 크로스마케팅 (호텔, 리테일몰, Family sale, 금연 캠페인) • 로비 공간 활용(작가 전시회 및 홍보) • 주차 대기실 제공

빌딩에서 차별화된 서비스를 제공하려면 먼저 임차인이 불편해하거나 원하는 것들이 어떤 것들인지 파악하고 그와 관련된 편의 서비스를 기획해 보면 좋다. 또, 매일 출근하는 곳이 지루한 곳이 아니라 때로는 즐거운 일도 있는 곳으로 만들어 주는 것도 차별화된 서비스가 될 수 있다.

[IFC 로비의 크리스마스 트리]

자산관리자가 차별화된 서비스를 제공하고자 하면 그런 계획들을 세우고 적정한 예산도 편성해 놓아야 한다. 차별화된 서비스를 제공하는 활동을 한다고 해서 꼭 큰 비용을 들여야 하는 것은 아니다. 임차인이 불편해하는 것을 주기적으로 수집하고 개선점을 찾아내려는 노력은 비용을 들이지 않고 시작할 수 있다. 만약 예산이 많지 않다면, 입주 시에 간단한 다과 등을 준비하여 제공을 할 수도 있고, 로비에 우산을 비치하여 대여하는 것 같은 작은 배려를 담은 서비스부터 해볼 수 있다.

부가 수익의 창출

자산관리자는 빌딩 내 유휴 공간이나 사용 용도가 애매한 공간을 활용하여 부가 수익을 창출하는 방안을 제안할 수 있어야 한다. 물론 이렇게 만들어낸 부가 수익은 빌딩의 전체 수익에서 큰 비율을 차지하지는 않는다. 하지만 이런 부가수익을 창출하는 과정에서도 임차인들에게 편의를 향상시키고 차별화된 서비스를 제공할 수도 있어 평소 관심을 가질 필요가 있다.

예를 들어, 지하나 옥상 등에 있는 유휴 공간을 임차인이 사용할 수 있는 창고 용도로 임대를 할 수 있다. 임차인에게 건물 내에 있는 공간을 저렴하게 창고 용도로 제공 가능하다면 유휴 공간의 활용도를 높일 수 있고 부가 수익까지 창출할 수 있다.

또, 빌딩에 공실이 있다면 임차인들에게 단기 임대 수요가 있을 때 저렴하게 공간을 대여해 주거나, 각종 행사나 홍보 등을 위한 공간으로 활용할 수도 있다. 예를 들어, 임차인들 가운데 외부 회계 감사를 정기적으로 받는 경우가 있는데, 보통 사용하던 회의실을 내주거나 외부 임차를 알아보기도 한다. 이런 수요가 있을 때 공실에 간단한 사무집기를 제공해 주면서 단기 임대를 한다면 부가 수익도 창출하고 임차인도 만족시킬 수 있을 것이다.

그리고 임차인의 로고나 회사명을 건물 외부에 부착하여 이에 대한 사용료를 받을 수도 있다. 옥상에 간판이나 외벽에 LED 패널을 설치하여 광고 회사에 임대를 해주고 부가수익을 올리는 사례도 많이 있다. 이외에도 빌딩 내 통신 감도를 높이기 위해 통신사의 중계기 안테나를 설치하는 것으로도 사용료를 받아 부가 수익을 만들어 낼 수 있다.

[빌딩 내 부가 수익 창출 사례]

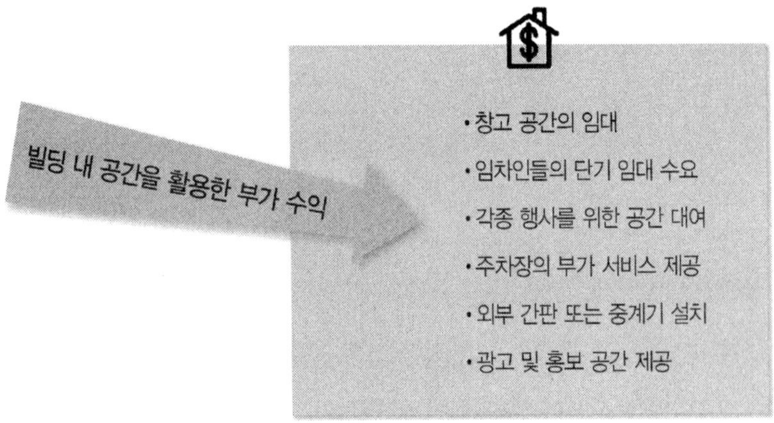

리모델링 및 시설물 개선 공사

자산 가치 상승을 목적으로 하는 투자를 보통 밸류 애드(Value Add) 전략이고 부른다. 임차인을 변경하기도 하고 재계약 시 임대료를 높이는 등의 다양한 밸류 애드 방식이 있지만 건물의 물리적인 상태 개선을 통해 자산 가치를 상승시키는 방법을 가장 많이 활용한다.

[저층부 사무실을 리테일로 변경한 밸류애드 사례]

[씨티플라자]

[오투타워]

부동산 펀드나 리츠 가운데 물리적인 개선 전략을 활용하여 오피스 빌딩에 투자하는 경우도 많이 있다. 이런 자산을 담당하는 자산관리자는 빌딩을 운영하면서 리모델링이나 환경 개선 공사 등을 경험하게 된다. 노후화된 시설의 개선을 통해서 임차인 만족도를 높이고 궁극적으로는 임대료와 관리비를 인상하여 자산 가치를 높이는 전략인 것이다.

대대적인 리모델링 공사는 임차인을 내보내고 전체적으로 진행을 하기도 하지만, 운영 중인 자산은 임차인이 있는 상태에서 비워지는 층별로 재실 리모델링을 하기도 한다. 이렇게 리모델링을 통한 환경 개선 공사는 임차인의 만족도를 높일 수 있는 공용 공간의 개선이나 엘리베이터, 냉난방 장비 등 편의성을 높일 수 있는 시설의 교체 등에 초점을 맞춰 진행한다. 특히, 노후화된 장비의 교체는 업무 환경 개선 효과 이외에도 빌딩에서 사용하는 에너지 비용을 절감할 수 있는 장점도 있다.

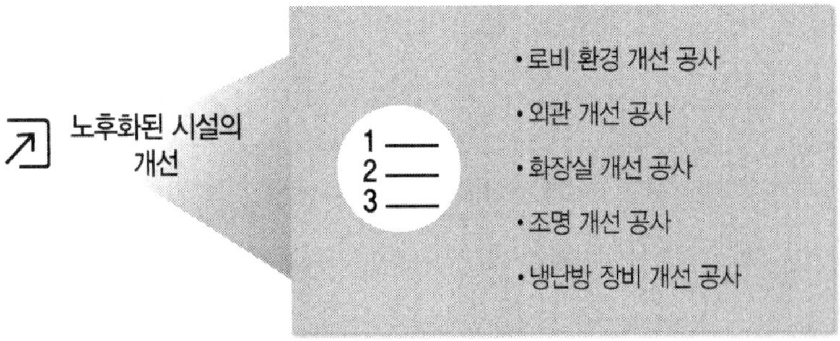

빌딩 운영 비용 개선 및 임차인의 만족도 제고

홍보 마케팅 전략

만약 운영하는 빌딩이 주요 업무 권역의 랜드마크가 되는 것은 그만큼 인지도가 올라간다는 것이고 부동산 상품으로서 브랜드 파워를 갖는 것이다. 주요 업무 지구에 수많은 빌딩과 경쟁하는 임대 시장에서 브랜드 파워가 있다면 빌딩 임대에도 큰 도움이 될 수 있다. 왜냐하면, 사무실은 찾는 임차인이라면 당연히 인지도가 높은 빌딩에 입주하기를 원하기 때문이다. 따라서 자산관리자는 임대가 잘 되는 자산을 만들기 위해 빌딩에 대한 홍보 마케팅 전략을 세워 인지도를 높일 필요가 있다.

빌딩의 공실을 줄이고 임대 활성화를 위해서는 시장에서 활동하고 있는 오피스 빌딩 전문 임대 에이전트들에게 빌딩을 홍보하는 것도 중요하다. 예를 들어, 준공을 앞둔 빌딩이나 신축 빌딩을 운영한다면 임대 에이전트들을 초청해서 빌딩에 대한 소개를 하는 자리를 마련하기도 하고, 임대 에이전트들에게 자산을 알리는 행사를 주최하기도 한다.

만약 로비나 건물 주변 등의 경관이 좋은 빌딩이라면 드라마 촬영 협조를 하거나 SNS 채널을 운영하는 기업들을 활용하여 홍보 활동 등을 통해 빌딩에 대한 마케팅을 하기도 한다. 임대 마케팅 활동과 직접적인 연관이 없다고 하더라도 빌딩 이름이 자주 언급되거나 노출이 되는 것만으로도 인지도를 올릴 수 있기 때문이다.

만약, 빌딩에 행사를 할 수 있거나 컨퍼런스 등을 주최할 수 있는 공간이 있다면 임차인이 주관하는 마케팅 행사나 회의들을 진행할 수 있도록 적극 협조하는 것도 빌딩에 대한 간접적인 마케팅 효과를 볼 수 있다. 외부에서 찾아오는 사람들이 많아질수록 빌딩에 대해 알게 되는 사람도 그만큼 늘어나기 때문이다.

빌딩 마케팅을 위한 홍보 전략 예시
☑ 빌딩과 관련된 행사 홍보(재난 대피훈련, 지구촌 전등 끄기 캠페인 등) ☑ 임대 활성화를 위한 임대 에이전트 홍보 행사나 모임 주최 ☑ 임차인 관련 제품의 홍보 협조 ☑ 뉴스 매체 또는 드라마 촬영 협조

02 임차인 근무 환경의 변화와 각종 사례

세대(사용자)의 교체와 일하는 방식의 변화

세대가 바뀌면서 직장에 들어오는 노동인구들도 계속해서 변화하고 있다. 빌딩의 사용자인 임차인들도 세대가 변화하면서 새로운 사회 풍조나 업무 형태의 변화에 따라 달라지고 있다. 특히, 코로나를 경험하면서 원격 또는 재택근무나 화상 회의 등이 일상에 깊숙하게 자리하게 되었다.

이렇게 세대와 일하는 방식이 변화함에 따라 빌딩에 대한 수요도 큰 변화를 겪게 되었다. 사무실에는 꼭 정시에 출근하지 않아도 되고 재택을 하면서 유연하게 출근하는 회사도 많아졌다. 스마트 오피스나 호텔링식 좌석제를 통해서 고정된 좌석을 없애고 필요할 때에만 와서 일을 하게 됨에 따라 기존의 오피스 빌딩을 사용하는 방식도 크게 바뀌었다.

또, 임차인의 사무실 내부에 휴게 공간을 늘리고, 간단한 식사나 간식을 먹을 수 있는 캔틴을 마련하는 곳들도 많아졌다. 과거에는 일의 효율성에 초점을 맞췄다면 요즘에는 근무자들의 창의성 향상이나 휴식 제공을 통해 근무 만족도를 높이는데 더 많은 관심을 가지다 보니 사무 공간의 배치나 활용 방식도 크게 달라졌다.

자산관리자는 이런 사용자들의 변화와 오피스 빌딩의 사용 방식의 변화에 맞춰 자산의 운영과 관리 방식도 바꿔야 한다. 예를 들어, 근무 시간이 9시 출근, 6시 퇴근이 아닌 유연하게 변화됨에 따라 임차인에게 제공해야 하는 서비스 시간도 달라질 것이다. 이렇게 운영 방식이 달라지면 관리 범위나 비용에 대한 새로운 기준이 필요할 것이다. 지금은 작은 변화이지만 시간이 흐른 뒤 살펴보면 사무공간에 대한 패러다임의 변화일 것이다. 앞으로는 이런 흐름에 적응을 하고 그에 맞는 서비스를 제공하는 오피스 빌딩이 경쟁력을 확보할 수 있기 때문에 이에 대한 대비가 필요할 것이다.

초고층 빌딩과 복합개발 자산들의 증가

더 많은 사람들이 생활 인프라가 발달된 도시로 몰리고 직업들도 많아지면서 이들이 일해야 하는 빌딩의 개발도 가속화된다. 그러다 보니 토지비는 상승하고 건축기술은 발전하여 더 효율적인 공간 활용을 위해 초고층 빌딩의 개발도 증가하고 있다. 또, 오피스, 호텔, 리테일, 주거 등 사용 목적이 다른 부동산들이 한 곳에 집적되어 개발되는 복합개발의 형태도 많아지고 있다.

이처럼 부동산 자산들이 대형화되고 복합화한다는 것은 자산관리를 할 수 있는 전문 인력이 필요하고 관련 인력 확보의 중요성이 커

[초고층 복합개발 자산인 여의도의 IFC와 Parc 1]

진다는 것을 의미한다. 왜냐하면, 대형 자산은 그 안에 시설물들이 많고 복잡하여 운영과 관리를 하는 데 전문성이 필요하기 때문이다. 그렇기 때문에 운영 중 발생할 수 있는 각종 위험에 대응하고 법적 사항들을 충족시킬 수 있는 지식과 능력을 보유한 전문 인력을 보유해야 한다.

특히, 집적된 공간에서 많은 사람들이 함께 공간을 원활하게 사용하려면 이를 운영하기 위한 계획이나 서비스 수준도 한층 높아져야 한다. 이렇게 복합시설에서의 머무는 시간이 늘어나 일과 생활이 함께 연결이 되고 실내에서 활동하는 시간이 증가하다 보니 더 세심한 관리가 필요해졌다.

따라서 자산관리자는 이런 초고층 빌딩이나 복합개발 자산들을 운영할 수 있는 전문성을 갖추고 이를 위해 관리자로서 필요한 지식을 습득하는 데 노력을 기울여야 한다.

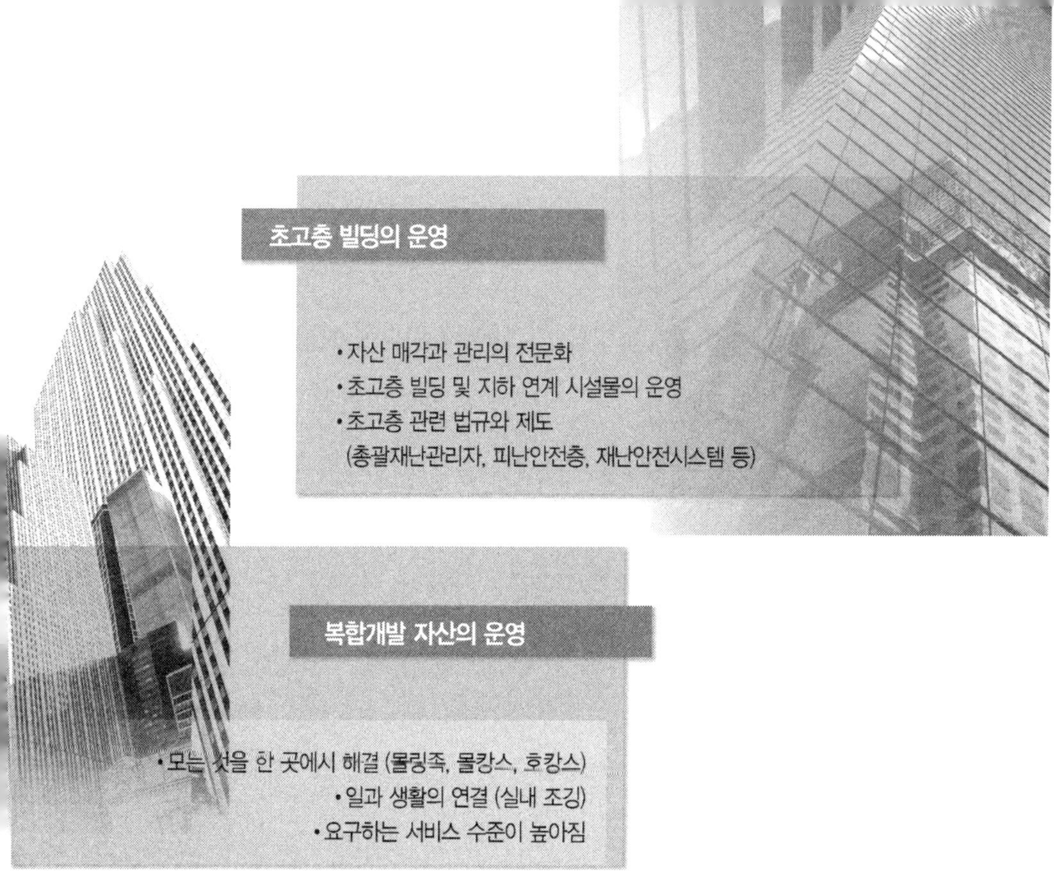

빌딩 경쟁자들의 등장

과거에 빌딩의 경쟁자는 주변에 신축되는 빌딩들이었다. 하지만 요즘은 일하는 세대들의 사고방식과 업무 환경이 변화하면서 빌딩의 경쟁자들이 더 늘어나게 되었다. 공유경제라는 새로운 비즈니스 모델이 등장하면서 새로운 사업형태로 공유 오피스들이 생겨났고, 점점 사업을 확장하면서 기존 빌딩들의 새로운 경쟁자로 성장하게 되었다.

물론 공유 오피스가 빌딩에 입주하면 대형 공실을 해결해 줄 수는 있지만 결국 비즈니스 모델이 전대차 사업이기 때문에 임대인과 경쟁을 할 수밖에 없다. 공유 오피스 사업자들은 임차인 편의시설을 트렌드에 맞게 제공하고 자유로운 업무 공간 활용 등을 무기로 기존 빌딩들의 경쟁자가 되었다.

공실 해결사로 공유 오피스의 입주가 빌딩에 도움이 되는 측면도 있지만 상주 인원의 증가, 빌딩 운영 시간의 변경, 임차인들의 이질적인 문화 등으로 인해 빌딩에서 문제가 발생하는 경우도 종종 있다. 시간이 지나면서 임대인들도 공유 오피스에서 제공하는 서비스들을 직접 제공하는 전략으로 바뀌는 곳도 늘어났다. 또, 어떤 빌딩들은 공유 오피스를 입점시키는 것을 크게 선호하지 않는 곳들도 나타났다. 공유 오피스가 단순한 임차인이라기보다는 경쟁자라는 인식이 생기면서 전략적인 필요가 있는 빌딩들만 입주를 시키는 상황으로 바뀌어 갔다.

[IFC 공유 오피스 스마트 스위트]

이외에 빌딩을 위협하는 경쟁자로서 공유 오피스뿐만 아니라 거점 오피스를 운영하는 스타트업 회사나 커피전문점 체인들도 있다. 외근이 많은 직장인이나 컴퓨터 하나만 있어도 업무를 할 수 있는 지식 기반 직장인들의 경우에는 음료수와 플러그만 있으면 어디에서든 일을 할 수 있다.

이런 거점 오피스와 같은 사무 공간은 워라밸을 중시하는 사회적 분위기와 워케이션이라는 새로운 트렌드의 등장과 함께 꼭 사무실에서 일하지 않아도 업무를 할 수 있다는 것을 보여준다. 따라서 이런 거점 오피스나 커피전문점 체인들도 언제든지 업무시설을 대체할 수 있는 경쟁자가 되어 가고 있다. 아직 전통적인 오피스 빌딩의 수요에 큰 위협을 줄 정도는 아니지만 업무 방식과 환경이 달라지고 있다는 것을 확인하기에는 충분한 변화라고 할 수 있다.

FASTFIVE wework

JUSt CO SPARKPLUS

공유 오피스의 등장

- 임대인을 위협하는 임차인 플랫폼 사업지
- 기존 자산관리자들이 제공하지 못한 서비스
  : 커뮤니티 매니저
- 공유 오피스를 직접 운영하는 임대인의 등장
- 이질적인 문화와의 충돌
- 빌딩의 네임밸류를 역이용하는 문제
- 보안(출입동선), 환기, 에너지 관리, 상주인구 등 자산 관리상 어려움

임차인 편의 시설과 사례

자산의 경쟁력을 높이는 것은 앞서 살펴본 일하는 세대와 업무 환경의 변화에 따라 필수적인 요소가 되었다. 이를 위해서는 무엇보다도 임차인들이 어떻게 하면 조금 더 편리하게 공간을 사용할 수 있을지에 대해서 초점을 맞춰야 한다. 왜냐하면 빌딩의 고객은 임차인이기 때문이다.

이런 흐름에 따라 프라임 오피스 빌딩을 신축할 때 개발 담당자나 운영 담당자들은 임차인 편의 시설과 공간 확보에 많은 관심을 두고 이를 효율적으로 배치하고자 노력한다. 예를 들어, 외부 방문객들이 방문했을 때 활용할 수 있는 접견실이나 회의실 등을 기획하는 것은 기본이다. 또, 임차인들이 쉴 수 있는 공개공지나 옥상정원 등을 만들기도 한다.

[트윈시티 남산의 임차인 편의 공간]

임차인 편의시설을 빌딩에서 제공하면 임대 마케팅에서도 경쟁력을 갖게 된다. 왜냐하면, 대형 회의실이나 접견실 등을 임차인 내부

공간에 따로 만들지 않아도 되기 때문에 비용을 절감할 수 있고 직접 운영을 하지 않아도 편의시설을 이용할 수 있는 장점이 있기 때문이다.

자산관리자는 오피스 빌딩에 필요한 부가 서비스를 제공할 수 있는 아이디어를 제안하여 빌딩의 편의성을 높여야 한다. 또, 그런 시설이 갖춰져 있다면 임차인 편의 시설을 효과적으로 운영하여 임차인의 만족도를 높이는 데 힘써야 할 것이다.

오피스 빌딩의 편의 시설

- 임차인 휴게 공간
- 회의실 및 접견 공간
- 대규모 인원 회의 및 모임 공간

[한화자산운용의 방문객 접견실]

03 친환경 빌딩의 운영과 관리

쾌적한 실내 환경에 대한 요구

빌딩에서 생활하는 시간이 증가하고 임차인들의 서비스 요구 수준도 높아지면서 근무 환경에 대한 관심도 계속 증가하고 있다. 특히, 프라임급 빌딩일수록 임차인들이 원하는 쾌적한 실내 환경에 대한 요구 수준이 높은 편이다. 임차인들의 요구 사항은 실내 온도 적정함은 물론 실내 공기질에 대해서도 관심을 갖는다.

특히, 회사도 직원들의 건강에 대한 관심이 높아져 입주를 할 때 인테리어 공사를 하면서 발생하는 먼지나 가구 등에서 배출되는 유해 물질 등을 사전에 경감시키고 없애려 많은 노력을 기울이기도 한다.

실내 공기질에 관심이 없었던 시절에 서비스 품질이 떨어지는 빌딩에서는 단순히 실내 온도를 유지하고 에너지 비용을 절감하기 위해 신선한 외부 공기로 환기를 하지 않고 내부 공기를 순환시키는 방식으로 운영을 했던 곳들도 많았다.

반면, 최근에 건축된 프라임 빌딩에는 실내 공기질을 모니터링하는 장치가 기본적으로 설치되어 있고 자산관리에 전문성 있는 운영 인력들이 배치되어 건물 운영을 한다. 정기적으로 외부 공기를 유입시켜 환기를 하고 에너지 비용의 절감보다는 임차인에게 쾌적하고 편리한 공간을 제공하는 데 초점을 맞춰 운영 관리가 되고 있다.

또, 미세먼지나 황사 등은 호흡기 질환 같은 질병을 유발할 수 있기 때문에 외부 공기 유입 시에 유해 물질을 걸러내는 필터를 공조기에 설치하고 이를 주기적으로 교체하면서 운영하는 빌딩들도 많아졌다.

특히 해외 투자자들은 LEED(Leadership in Energy and Environmental Design)와 같은 친환경 인증을 취득하거나 유사한 친환경 인증을 보유한 자산에 관심을 가지고 투자를 하기도 한다. 이처럼 투자자뿐만 아니라 임차인들도 친환경 빌딩에 대한 인식이 달라지고 요구하는 수준들도 높아졌다. 쾌적한 실내 환경을 갖췄는지도 빌딩의 경쟁력에 영향을 주는 시대가 되었다. 따라서 자산관리자는 이런 변화에 맞게 빌딩을 운영하고 관리할 수 있어야 한다.

[LEED 랭킹]

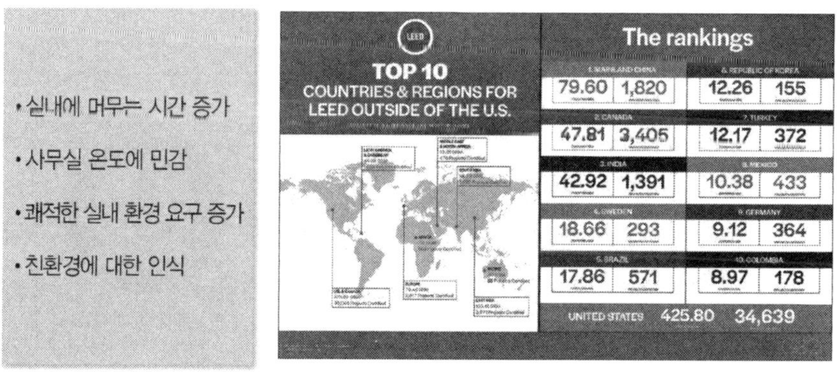

세계 건축 및 건설연맹(GlobalABC)의 '2020년 현황 보고서'에 따르면 2019년 에너지 관련 이산화탄소 배출량 가운데 건물을 운영하면서 배출되는 양(약 28%)과 건축하는 과정에서 배출하는 양(10%)을 합쳐 약 38%에 이르는 것으로 나타났다. 건물에서 배출하는 탄소량이 많다는 것이 알려지면서 친환경 빌딩의 건설과 인증에 대한 관심이 높아지고 있다.

국내에는 친환경 건축물 관련 인증인 녹색건축인증 제도가 있고 미국에는 LEED 인증 및 WELL 인증, 영국의 BREEAM 등이 있다. 이런 친환경 건축물 인증을 통해 건물의 자산 가치 향상은 물론 임차인의 근무 환경에 대한 만족도를 향상시킬 수 있다.

[LEED Certification Level]

친환경 건축물보다 더 넓은 관점에서 부동산 투자에 있어 ESG(Environment, Social, Governance)도 부각이 되고 있다. 앞으로 전문 투자자들이 부동산 자산에 투자하고 운영할 때 ESG에 부합하는 자산을 선택하고 운영 방침이나 규정도 만들어 나가는 추세가 될 것이다. 따라서 자산관리자는 친환경 건축물이나 ESG에 부합할 수 있는 운영과 관리 매뉴얼을 만들어 그런 변화에 대응할 수 있어야 한다.

다만, 이런 친환경 인증이나 사회에서 요구하는 기준들이 자산관리 현장에 바로 적용하기에는 무리가 따르는 부분도 있다. 이론이나 규정은 정하기 쉽지만 현장에서 이를 지켜 나가기가 어려운 경우도 있기 마련이다. 특히, 해외에서 만든 인증이나 기준의 경우에는 국내 현실과는 다른 부분도 있어 형식적인 운영을 하는 데 그치는 사례도 종종 있다.

결국 중요한 것은 자산관리자가 친환경 인증이나 제도를 위한 형식적인 운영보다는 사용자가 무엇을 필요로 하고 어떤 환경에서 일하는 게 업무 효율성을 향상시킬 수 있는지를 생각하고 관리를 하는 것이다. 더불어 에너지를 절감하고 효율적인 자산운영을 한다면 친환경 빌딩 인증이나 ESG의 취지와도 부합할 것이다. 결론적으로 가장 최일선에서 빌딩을 운영하고 있는 자산관리자가 변화를 받아들이고 현장에 실천할 수 있는 실질적인 운영 계획들을 수립할 수 있어야 이런 친환경 정책들도 효과가 극대화될 것이다.

[LEED Credit Category]

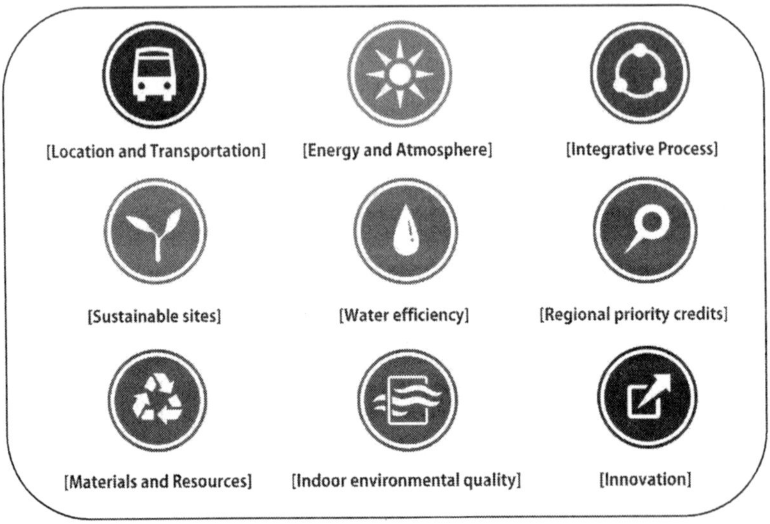

[WLL Certification Category]

책을 마무리하며

부동산 관련 책을 몇 권 집필하면서 상업용 부동산 자산관리 업무에 대해서 체계적으로 정리해 보고 싶은 마음이 있었다. 그래서 자산관리를 주제로 부동산 강의를 기획해서 수업도 해보면서 교안을 만들다 보니 교과서가 될 만한 책이 있으면 좋겠다는 생각이 들었고, 그 내용들을 정리해서 이 책을 쓰게 되었다.

물론 지금까지 내가 출간한 책들이 현업의 업무를 알 수 있게 도움을 주는 책들이었지만 아무래도 일반 독자들도 고려해야 하다 보니 전문적인 내용을 더 깊게 다룰 수 없는 한계가 있었다. 현업의 지식을 전달하고자 책을 쓰기 시작했는데 이제야 마음 한편에 담아두었던 그리고 계획만 세웠던 책을 쓸 수 있게 되었다.

이번 책은 지금까지 내가 출간했던 책을 읽어 주신 독자들 덕분에 쓸 수 있게 된 것이다. 왜냐하면, 베스트셀러까지는 아니더라도 출간할 때마다 꾸준하게 내가 쓴 책을 구매해 주신 독자 여러분들이 있었고, 전문서적이지만 스테디셀러가 된 책이 몇 권 있었기 때문이다.

이번 책의 초고를 어느 정도 마무리할 무렵에 '부동산 자산관리 영문 용어사전'과 '빌딩 투자 시크릿'을 출간했던 법률 출판사의 김용성 대표님께 연락을 드렸고, 내가 쓴 책들은 꾸준히 판매가 되고 있어, 새로운 책도 출간이 가능하다고 흔쾌히 수락을 해주셨다. '부동산 자산관리 영문 용어사전'은 지금 생각해 봐도 생소한 주제의 전문서적이라서 출간하기가 쉽지 않은 책이었는데, 누군가에게 꼭 필요한 책이 될 수 있다고 말씀해 주셨던 기억이 난다. 항상 감사한 마음을 가지고 있고 꾸준하게 책을 낼 수 있도록 힘이 되어 주시는 고마운 분이어서 지면을 빌어 감사의 마음을 전하고 싶다.

내가 책을 쓰는 이유는 상업용 부동산 관련 업무를 하고 계시거나 관심이 있는 분들을 더 많이 만날 수 있는 기회를 만들기 위한 목적도 있다. 지금까지 20년 정도 상업용 부동산 업계에서 일하면서 배우고 경험했던 것들을 더 많은 분들과 나누고 또 새로운 지식도 얻어갈 수 있도록 이 책이 매개체가 되었으면 한다.

매번 책을 쓰면서 마무리할 때쯤에는 그동안의 아이디어를 다 소진해서 더 이상 글감이 없을 것 같다가도, 현업에서 여러분들을 만나고 또 새로운 정보를 접하다 보면 다음 책의 글감도 생기곤 했다. 이 책을 통해 독자분들과 교류하면서 상업용 부동산 업계에 도움이 될 만한 새로운 콘텐츠를 계속해서 만들어 갈 수 있는 발판이 되었으면 좋겠다.

마지막으로 부동산 시장의 변화에 맞춰서 이 책도 개정하고 수정하면서 좋은 책으로 만들어 갈 수 있도록 노력할 것이다. 혹시라도 책을 읽으면서 부족한 내용이나 제안 사항 등이 있으면 자유롭게 조언을 해주면 좋겠다. 초고는 혼자서 썼지만 개정판은 독자 여러분들과 함께 만들어 갔으면 하는 바람이다.

2023년 11월

민성식

저자소개

상업용 부동산 전문가이자 현업의 부동산 지식을 콘텐츠로 만드는 크리에이터. 좋은 인재들이 부동산 업계에 많이 들어오길 바라는 친절한 부동산 선배.

우연히 발을 들인 부동산 업계지만 꾸준한 자기계발을 통해 업계 전문가로 거듭났다. 미국 친환경건축기술사(LEED AP), 부동산개발전문인력, 부동산자산운용전문인력, 투자자산운용사, 재무위험관리사 등 여러 자격증을 보유하고 있다. 부동산 사관학교라 불리던 샘스를 시작으로 메이트플러스, 리치먼드자산운용에서 일했으며 여의도 국제금융센터 IFC와 파크원 개발 프로젝트, 부동산 투자 운영 플랫폼을 개발하는 프롭테크 회사 리판, 그리고 자산관리회사인 에이커트리 매입매각자문팀에서 근무한 이력이 있다.

주로 외국계 부동산투자회사와 대형 기관 투자자 소유의 수익형 부동산 관련 업무를 담당하며 상업용 부동산 투자 및 자산 관리 분야에서 다양한 경험과 지식을 쌓았다. 현재 그간의 다양한 경험을 바탕으로 스파크플러스에서 중소형 빌딩 부동산 자산관리 시스템을 마케팅하는 솔루션 세일즈팀에서 업무를 하고 있다.

지은책으로 〈상업용 부동산 금융의 모든 것〉, 〈상업용 부동산 전문가를 위한 부동산 용어사전〉, 〈빌딩 투자 시크릿〉, 〈부자의 계산법〉, 〈부동산 직업의 세계와 취업의 모든 것〉, 〈나도 회사 다니는 동안 책 한 권 써볼까?〉, 〈부동산 자산관리 영문 용어사전〉, 〈한국 부자들의 오피스빌딩 투자법〉이 있다.

- 블로그 : https://blog.naver.com/parisboys
- 카페 : https://cafe.naver.com/expertacademy (부동산 살롱)
- 유튜브 : https://www.youtube.com/c/parisboy (친절한 부동산 선배)
- 홈페이지 : https://www.minsungsik.com

[개정판]
상업용 부동산 자산관리의 모든 것

개정판2쇄 인쇄 / 2025. 9. 20.
개정판2쇄 발행 / 2025. 9. 30.
지은이 _ 민성식
발행인 _ 김용성
발행처 _ **법률출판사**
출판등록 _ 제1-1982호
서울시 동대문구 휘경로 2길3. 4층
TEL : 02-962-9154 / FAX : 02-962-9156
e-mail : lawnbook@hanmail.net
ISBN : 978-89-5821-473-1 13320

정 가 27,000원